Mix
Genuss

W0033283

2
PRO STÜCK

INHALT
Rezeptübersicht

GERICHTE MIT FISCH

VEGETARISCHE GERICHTE

KÜRBIS-SUPPE
mit Schafskäse

6

Pro Portion
288 kcal • 25 g KH • 135 g EW • 9 g Fett

ZUTATEN

600 g	Hokkaidokürbis, in Stücken
1	rote Spitzpaprika, in Stücken
2	Knoblauchzehen
950 g	Wasser, lauwarm
4 TL	Gemüsebrühpulver
1 TL	Curry
1 TL	Salz
¼ TL	Pfeffer, gem.
¼ TL	Thymian, gerebelt
1 Msp.	Zimt
½ TL	Kreuzkümmel, gem.
1 TL	Paprikapulver, rosenscharf
200 g	Kokosmilch, fettreduziert
½ Bd.	Petersilie, frisch gehackt
180 g	Schafskäse, light
	(z.B. Salakis, 9% Fett)

Tipp: Hokkaidokürbis muss nicht geschält werden.

Zubereitung

Kürbis, Paprika und Knoblauch im Mixtopf **6 Sek./Stufe 6** zerkleinern.

Wasser und Gewürze zugeben und **20 Min./100°C/Stufe 2** kochen. **Achtung!** Sollte es etwas schäumen, Temperatur auf 95°C zurückstellen.

Nach Garzeitende Kokosmilch zugeben und die Suppe auf **Stufe 8** pürieren. Suppe mit frisch gehackter Petersilie und Schafskäse servieren.

GEMÜSESUPPE
mit Bohnen & Nudeln

Pro Portion:
314 kcal • 43 g KH • 15 g EW • 8 g Fett

ZUTATEN

1	Knoblauchzehe
2	Karotten
2	kl. Zucchini
1 EL	Olivenöl
1 TL	Thymian, gerebelt
2 TL	Basilikum, gerebelt
800 g	Wasser, lauwarm
500 g	passierte Tomaten
1 ½ TL	Gemüsebrühpulver
150 g	Gabelspaghetti (7 Min. Garzeit)
2 TL	Petersilie (TK)
120 g	Kidneybohnen (Dose)
40 g	Parmesan, gerieben
etwas	Salz & Pfeffer

Zubereitung

Knoblauchzehe in den Mixtopf geben und **5 Sek./Stufe 5** zerkleinern. Karotten und Zucchini in Scheiben schneiden und zusammen mit Öl, Thymian und Basilikum **3 Min./120°C/Sanftrührstufe** erhitzen.

Wasser, passierte Tomaten und Gemüsebrühpulver hinzufügen und **7 Min./Varoma/Sanftrührstufe** erhitzen. Nudeln zugeben und **10 Min./Varoma/Sanftrührstufe** garen.

Abgetropfte und leicht abgewaschene Bohnen und Petersilie zur Suppe geben und **2 Min./Varoma/Sanftrührstufe** erhitzen.

Ggf. noch mit Salz und Pfeffer abschmecken. Mit Parmesan bestreut servieren.

Leichte
KARTOFFELCREMESUPPE

ZUTATEN

200 g	Knollensellerie
200 g	Karotten
200 g	Lauch
500 g	Kartoffeln (vorw. festk.)
1.200 g	Wasser, lauwarm
4 TL	Gemüsebrühpulver
2 EL	saure Sahne, 10% Fett
2 TL	Majoran, gerebelt
etwas	Salz & Pfeffer

Pro Portion: 158 kcal • 28 g KH • 5 g EW • 1 g Fett

Zubereitung

Das Gemüse waschen, schälen und in grobe Stücke schneiden.
Im Mixtopf **6 Sek./Stufe 7** zerkleinern.

Wasser und Gemüsebrühpulver zugeben und alles
25 Min./100°C/Stufe 1 kochen.

1 EL saure Sahne und Majoran hinzufügen. **20 Sek./Stufe 5** pürieren.
Mit Salz und Pfeffer abschmecken. Anschließend mit restlicher Sahne und
frischem Majoran garniert servieren.

GULASCH-SUPPE
mit Miniklößchen

3

Pro Portion:
295 kcal • 32 KH • 23 g EW • 7 g Fett

ZUTATEN

500 g	Paprika-Mix
120 g	Champignons
200 g	Mais
200 g	Kartoffelkloßteig
1	gr. Zwiebel
1 EL	Olivenöl
½	rote Chilischote, entkernt
250 g	Putenschnitzel
170 g	passierte Tomaten
200 g	Geflügelfond
350 g	Wasser, lauwarm
40 g	Tomatenmark
2 TL	Gemüsebrühpulver
2 TL	Paprikapulver
½ TL	Koriander, gem.
½ TL	Pfeffer, gem.
½ TL	Salz
1 ½ TL	Thymian, gerebelt

Zubereitung

Paprika in Streifen und Champignons in Scheiben schneiden. Zusammen mit Mais in den Varoma geben.

Varoma-Einlegeboden mit etwas Öl bestreichen. Aus Kartoffelkloßteig ca. 16 kleine Klößchen formen und mit etwas Abstand auf dem Einlegeboden verteilen.

Zwiebel halbiert in den Mixtopf geben und **3 Sek./Stufe 5** zerkleinern. Olivenöl und Chilischote (in feine Ringe geschnitten) zugeben und **3 Min./120°C/Stufe 1** dünsten.

Putenfleisch in Streifen schneiden, dazugeben und **5 Min./120°C/Sanftrührstufe** garen.

Restliche Zutaten zum Fleisch geben. Varoma mit dem Gemüse und den Kartoffelklößchen aufsetzen und **25 Min./Varoma/ ⟳ /Sanftrühstufe** garen. Nach Ende der Garzeit alles in einer Servierschüssel vermengen und genießen.

TOMATEN-PAPRIKA-SUPPE
mit Würstchen

Pro Portion:
205 kcal • 15 g KH • 9 g EW • 12 g Fett

ZUTATEN

1	Zwiebel, halbiert
1	Knoblauchzehe
250 g	rote Spitzpaprika
400 g	Tomaten
50 g	Tomatenmark
400 g	Wasser
1 EL	Gemüsebrühpulver
1 Prise	Zucker
4	Putenwiener (à 50 g)
3	Frühlingszwiebeln
½ TL	Oregano, gerebelt
½ TL	Thymian, gerebelt
¼ TL	weißer Pfeffer, gem.
½ TL	Salz

FÜR DAS TOPPING

4 TL	Crème légère
etwas	frische Petersilie

Tipp: Ohne Würstchen hat die Suppe: **0**

4

Zubereitung

Zwiebel und Knoblauchzehe in den Mixtopf geben und **5 Sek./Stufe 5** zerkleinern. Paprika und Tomaten in groben Stücken zugeben und **5 Sek./Stufe 5** zerkleinern.

Tomatenmark, Wasser, Gemüsebrühpulver und Zucker zugeben und **15 Min./100°C/Stufe 1** kochen. In der Zwischenzeit Putenwiener und Frühlingszwiebeln in Scheiben schneiden.

Nach Garzeitende die Suppe **25 Sek./Stufe 8** pürieren. Putenwiener, Frühlingszwiebeln und restliche Gewürze zugeben und noch einmal **6 Min./90°C/ /Stufe 1** erhitzen.

Suppe anrichten, je 1 TL Crème légère darauf geben und mit etwas frischer Petersilie bestreut servieren.

Schnelle
KAROTTEN-ZUCCHINI-SUPPE

ZUTATEN

1	Zwiebel
200 g	Karotten
300 g	Zucchini
200 g	Kartoffeln (vorw. festk.)
800 g	Wasser, lauwarm
200 g	Tatar
3 TL	Gemüsebrühpulver
etwas	Salz & Pfeffer

Tipp: *Verfeinern Sie die Suppe mit etwas frischem Thymian.*

Pro Portion: 152 kcal • 15 g KH • 13 g EW • 4 g Fett

Zubereitung

Gemüse in Stücken in den Mixtopf geben und
4 Sek./Stufe 5 zerkleinern.

Wasser, Tatar und Gemüsebrühpulver dazugeben und
35-40 Min./100°C/ ⟲ /Stufe 1 kochen.

Ggf. mit Salz und Pfeffer abschmecken und servieren.

Spicy SCHLANK-SUPPE

0

Pro Portion:
81 kcal • 11 KH • 5 g EW • 1 g Fett

ZUTATEN

3	Knoblauchzehen
1	rote Peperoni, entkernt
1	Zwiebel
½	Stange Lauch (100 g)
1	Zucchini (200 g)
700 g	Wasser
500 g	passierte Tomaten
1 EL	Gemüsebrühpulver
2-3 EL	Sojasauce
1 TL	rote Currypaste
¼ TL	Pfeffer, gem.
1 TL	Salz
1 Glas	Paprikasalat, z.B. von Specht (Abtr.gew. 165 g)

Tipp: *Da diese Suppe sehr dickflüssig ist, eignet sie sich auch ideal als Beilage z.B. zu gegrilltem Putenfleisch oder als vegetarisches Gericht mit Salzkartoffeln oder Nudeln.*

Zubereitung

Knoblauchzehen und Peperoni in den Mixtopf geben und **5 Sek./Stufe 5** zerkleinern. Zwiebel halbieren und in 1 cm dicke Scheiben schneiden. Lauch und Zucchini der Länge nach halbieren und ebenfalls in 1 cm dicke Scheiben schneiden. Alles mit in den Mixtopf geben.

50 g Wasser zugeben und **4 Min./120°C/Sanftrührstufe (TM31: Varoma)** dünsten. Restliche Zutaten (außer Paprikasalat) zugeben und **15 Min./100°C/ /Stufe 0.5 (TM31: Sanftrührstufe)** kochen. In der Zwischenzeit Paprikasalat gut abtropfen lassen.

Paprikasalat zugeben und erneut **5 Min./100°C/ /Stufe 0.5 (TM31: Sanftrührstufe)** erhitzen. Ggf. noch einmal mit Gewürzen abschmecken und servieren.

LINSEN-EINTOPF
mit Würstchen

2

Pro Portion:
255 kcal • 38 KH • 14 g EW • 4 g Fett

ZUTATEN

1	Zwiebel, halbiert
1 Bd.	Suppengrün (500 g, bestehend aus Karotten und Sellerie geschält in Stücken, Lauch und Petersilie)
200 g	Kartoffeln, geschält, gewürfelt (vorw. festk.)
150 g	trockene Teller-Linsen
800 g	Wasser
4 TL	Gemüsebrühpulver
2	Lorbeerblätter
2	Geflügelwürstchen (à 30 g)

Zubereitung

Zwiebel und Suppengrün in den Mixtopf geben und **5 Sek./Stufe 5** zerkleinern. Gemüse mit dem Spatel nach unten schieben.

Restliche Zutaten (außer Würstchen) zugeben und **50 Min./100°C/ ⟳ /Stufe 1** kochen.

Würstchen in Scheiben schneiden und zugeben. Ggf. noch **2 Min./100°C/ ⟳ /Stufe 1** im Mixtopf erwärmen.

Vor dem Verzehr Lorbeerblätter entfernen.

Tipp: Wenn Sie die Würstchen weglassen, berechnen Sie anstatt 2 nur 1 Pkt.

Mediterraner
MINESTRONE-TOPF
mit Bohnen

3

Pro Portion
226 kcal • 36 KH • 11 g EW • 4 g Fett

ZUTATEN

1	Zwiebel, halbiert
1	Knoblauchzehe
120 g	Karotten
130 g	rote Paprika
230 g	Zucchini
1 EL	Olivenöl
1 Dose	geschälte Tomaten (400 g)
500 g	passierte Tomaten
450 g	Wasser, lauwarm
1 TL	Salz
½ TL	Pfeffer, gem.
1 EL	ital. Kräuter, getr.
1 TL	Gemüsebrühpulver
½ TL	Rosmarin, gem.
1-2 Prisen Zucker	
1 Dose	weiße Bohnenkerne (Abtr.gew. 240 g)
1 Dose	Kidneybohnen (Abtr.gew. 255 g)
125 g	kleine Mininudeln (Kochzeit 6 Min.)

Zubereitung

Zwiebel und Knoblauch in den Mixtopf geben und **5 Sek./Stufe 5** zerkleinern. Karotten, Paprika und Zucchini klein würfeln, zugeben und mit dem Öl **5 Min./120°C/ /Stufe 1** dünsten.

Geschälte Tomaten in eine Schüssel geben und mit einem Messer grob zerschneiden. Zusammen mit den passierten Tomaten, Wasser sowie Gewürzen und Zucker zugeben und **8 Min./100°C/ /Stufe 1** kochen.

In der Zwischenzeit Bohnen abtropfen lassen und unter fließendem Wasser waschen. Nach Garzeitende die Nudeln mit in den Mixtopf geben und erneut **7 Min./100°C/ /Sanftrührstufe** kochen.

Bohnen zugeben und mit dem Spatel unterrühren. Das Ganze noch einmal **3 Min./ /80°C/Stufe 1** erhitzen.

Bayerischer
BROTZEIT-AUFSTRICH

Pro Portion:
74 kcal • 2 g KH • 8 g EW • 4 g Fett

Hinweis: *1 Portion entspricht 1 leicht gehäuften EL Aufstrich. Dieser reicht z.B. für 2 Scheiben Vollkornbrot. Wer den kompletten Aufstrich isst, muss sich 1 Pkt. notieren.*

ZUTATEN

½	Zwiebel (30 g)
1 EL	Apfelessig
2	Eier, hart gekocht
1 TL	Senf, mittelscharf
75 g	Frischkäse, natur bis 1% Fett
etwas	Schnittlauch, in Röllchen geschnitten
½ TL	Paprikapulver, edelsüß
1 Prise	Salz
etwas	Pfeffer, gem.

Zubereitung

Zwiebel in den Mixtopf geben, **5 Sek./Stufe 5** zerkleinern und mit dem Spatel nach unten schieben. Apfelessig zugeben und **3 Min./120°C/Stufe 1 (TM31: Varoma)** dünsten.

Eier schälen und zwischen die Klingen des Mixtopfmessers stellen. Restliche Zutaten zugeben und **3 Sek./Stufe 3** vermengen.

3

PRO STÜCK

Schinken-Quark HÖRNCHEN

Pro Portion: 127 kcal • 19 g KH • 8 g EW • 2 g Fett

ZUTATEN

50 g	Cheddarkäse
100 g	Putenbrustaufschnitt, z.B. von Herta Finesse

FÜR DEN TEIG

250 g	Magerquark
1	Ei (Gr. M)
25 g	Wasser
300 g	Mehl, Type 405
1 P.	Backpulver
1 TL	Salz

Tipp: *Sie können aus dem Teig auch Hörnchen ohne Käse und Schinken backen, z.B. für süße Aufstriche. Wert pro Stück ist dann 3.*

Zubereitung

Käse im Mixtopf **5 Sek./Stufe 8** fein reiben und auf einen großen Teller umfüllen. Alle Teigzutaten im Mixtopf **2 Min./Teigstufe** kneten. Teig zu einem großen Kreis auf etwas Mehl ausrollen und wie einen Kuchen in 12 Dreiecke schneiden.
Backofen auf 180°C Ober-/Unterhitze vorheizen.

Auf jedes Dreieck ca. 1-2 Scheiben Schinken legen und aufrollen. Hörnchen in etwas Käse rollen und auf ein mit Backpapier belegtes Backblech setzen. Im vorgeheizten Backofen ca. 20 Min. backen.

BRUSCHETTA
mit Rucola

Pro Stück:
65 kcal • 14 g KH • 2 g EW • 7 g Fett

Tipp: *Wenn die Tomaten recht wässrig sind, verwenden Sie am besten 3 Stück und nehmen die Kerne vorher heraus.*

2
PRO STÜCK

ZUTATEN

½	Zwiebel
2	Knoblauchzehen
2	Tomaten
50 g	Rucola
1 EL	Balsamicoessig, hell
1 EL	Olivenöl
1 TL	Zucker
½ TL	Salz
½ TL	Pfeffer, gem.
8	Baguettescheibe (à 20 g)

Zubereitung

Zwiebel und Knoblauchzehen in den Mixtopf geben und **5 Sek./Stufe 6** hacken. Tomaten halbieren und zugeben.

Restliche Zutaten (außer Baguette) zugeben und **3 Sek./Stufe 4** vermengen. Ca. 2 Std. ziehen lassen.

Baguettescheiben im Backofen leicht anrösten und mit der Tomaten-Rucola-Masse belegt servieren.

2 ♥
PRO STÜCK

Italienische CROSTINI

Pro Stück: 92 kcal • 10 g KH • 6 g EW • 3 g Fett

ZUTATEN

1 kl.	Handvoll Rucola
2	Knoblauchzehen
1	kl. Zucchini
1	rote Paprika
1	gelbe Paprika
2	Tomaten
1 EL	Olivenöl
1 TL	Salz
1 TL	Paprikapulver, edelsüß
½ TL	Pfeffer, gem.
7	kleine Ciabatta-Aufback-Brötchen (à 30 g)
2	Mozzarellakugeln, light (à 125 g)

Zubereitung

Rucola und Knoblauchzehe im Mixtopf **5 Sek./Stufe 6** zerkleinern
Gemüse waschen, in grobe Stücke schneiden und zugeben.

Öl und Gewürze zugeben und **3 Sek./Stufe 5** zerkleinern.
Masse mind. 1 Std. gut durchziehen lassen.

Brötchen halbieren, ggf. das Weiche darin rausnehmen und
mit der Crostinimasse bestreichen. Jede Brötchenhälfte mit 1-2 dünnen
Scheiben Mozzarella belegen und ca. 10-15 Min. bei 200°C (Umluft:
180°C) im vorgeheizten Backofen überbacken.

BOHNENSALAT
Bella Italia

Pro Portion:
193 kcal • 8 g KH • 12 g EW • 12 g Fett

Tipp: *Wer möchte, kann noch etwas Parmesan darüber reiben. 1 EL = 1 Pkt.*

5

ZUTATEN

450 g	grüne Bohnen
200 g	Champignons
600 g	Wasser
1 TL	Salz
250 g	Tomaten
150 g	Mozzarellabällchen, light

FÜR DAS DRESSING

1 Handvoll	Basilikumblätter
2	Knoblauchzehen
50 g	Pesto rosso
2 EL	Olivenöl (20 g)
30 g	Balsamicoessig, hell
etwas	Salz & Pfeffer

Zubereitung

Grüne Bohnen schräg in ca. 5 cm lange Stücke schneiden und in den Varoma geben. Champignons in Scheiben schneiden und auf den Einlegeboden geben. 600 g Wasser und 1 TL Salz in den Mixtopf geben, verschließen, Varoma aufsetzen und **30 Min./Varoma/Stufe 1** garen.

Bohnen und Pilze mit kaltem Wasser abschrecken und in eine große Schüssel füllen. Mixtopf leeren. Tomaten in Stücke schneiden und zusammen mit den Mozzarellabällchen zu den Bohnen geben.

Für das Dressing Basilikumblätter und Knoblauch **5 Sek./Stufe 6** zerkleinern. Pesto, Olivenöl und Balsamico zugeben und **5 Sek./Stufe 4** mischen. Mit Salz und Pfeffer abschmecken. Dressing über den Salat geben, gut vermengen und servieren.

Mediterraner
KICHERERBSENSALAT

7

ZUTATEN

1 kl. Dose	Kichererbsen (240 g Abtr.gew.)
70 g	getr. Tomaten, in Öl eingelegt
1 Handvoll	Blattpetersilie
1	kl. Zwiebel
1	Knoblauchzehe
1 EL	Olivenöl
4 EL	Wasser
2 EL	Zitronensaft
1 TL	Sambal Oelek
50 g	Schafskäse, light
etwas	Salz & Pfeffer

Pro Portion: 280 kcal • 22 g KH • 13 g EW • 13 g Fett

Zubereitung

Kichererbsen in einem Sieb abtropfen lassen, abspülen und in eine Schale füllen. Eingelegte Tomaten gut abtropfen lassen (ggf. mit einem Küchenkrepp abtupfen).

Tomaten, Petersilie, Zwiebel (halbiert) und Knoblauch in den Mixtopf geben und **3 Sek./Stufe 5** zerkleinern. Öl, Wasser, Zitronensaft und Sambal Oelek zugeben und **3 Sek./Stufe 3** mischen. Zu den Kichererbsen geben.

Schafskäse würfeln und zum Salat geben. Mit Salz und Pfeffer abschmecken.

FEURIGER TOMATENSALAT
mit Chilihähnchen

2

Pro Portion
391 kcal • 24 KH • 45 g EW • 11 g Fett

ZUTATEN

1	Knoblauchzehe
1	rote Chilischote
1 TL	bunte Pfefferkörner
1 Handvoll glatte Petersilie	
2 TL	Öl
50 g	Wasser
1 TL	Gemüsebrühpulver
350 g	Hähnchenfilet
800 g	Tomaten (bunt gemischt)
5	eingelegte Peperoni, mild
500 g	Wasser, lauwarm

FÜR DAS DRESSING

1 Handvoll Petersilie	
1 Prise	Zucker
etwas	Salz & Pfeffer
70 g	Balsamicoessig, hell
40 g	Wasser
1 TL	Olivenöl
1 TL	Gemüsebrühpulver
einige Spritzer Tabasco	

Tipp: *Die Marinade eignet sich auch ideal zum Einlegen von Grillfleisch. Marinieren Sie 2-3 Putenschnitzel nach angegebener Zeit und grillen Sie diese auf dem Grill.*
Die Marinade gesamt hat 2 Pkt.

Zubereitung

Knoblauchzehe, Chilischote, Pfefferkörner und Petersilie in den Mixtopf geben und **6 Sek./Stufe** 9 zerkleinern. Mit dem Spatel nach unten schieben. Öl, Wasser und Gemüsebrühpulver zugeben und **3 Min./Varoma/Stufe 1** erhitzen. Marinade über die Hähnchenfilets geben und 1-2 Std. marinieren lassen. Mixtopf spülen.

Tomaten und Peperoni in Scheiben schneiden und in eine Schüssel geben. Für das Dressing alle Zutaten in den Mixtopf geben und **20 Sek./Stufe 6** mixen. Über die Tomaten geben und vermengen. Salat auf 2 Tellern verteilen.

500 g Wasser in den Mixtopf geben. Hähnchenfleisch in den Varoma geben und das Ganze **20 Min./Varoma/Stufe 1** garen. Fleisch noch warm in Stücke schneiden, auf dem Salat verteilen und sofort servieren.

Bunter
KÄSESALAT

Pro Portion:
91 kcal • 7 g KH • 2 g EW • 6 g Fett

ZUTATEN

1	Frühlingszwiebel
100 g	Gouda (45 % Fett i. Tr.), in Scheiben
½	Salatgurke (140 g)
1	Apfel (110 g)
½ Bd.	Radieschen (110 g)

FÜR DAS DRESSING

150 g	Crème légère
1 TL	Senf, mittelscharf
1 EL	Essig
¼ TL	Paprikapulver, rosenscharf
¼ TL	Salz
1 Msp.	Pfeffer, gem.

6

Zubereitung

Frühlingszwiebel in Ringe schneiden, Käse in dünne Streifen schneiden. Beides in eine große Schüssel geben.

Gurke und Apfel in Stücke schneiden und zusammen mit den Radieschen im Mixtopf **3-4 Sek./Stufe 5** zerkleinern. Masse in ein Sieb geben und ca. 15 Min. abtropfen lassen. Zu den Frühlingszwiebeln und dem Käse in die Schüssel geben.

Alle Zutaten für das Dressing im Mixtopf **10 Sek./Stufe 3** verrühren. Dressing über den Salat geben, gut vermengen und sofort servieren.

4 PORTIONEN

Tipp: Der Salat kann prima am Vortag zubereitet werden und z.B. am nächsten Tag mit zur Arbeit genommen werden.

Thunfisch-
SPAGHETTI-SALAT

6

ZUTATEN

200 g	Spaghetti
150 g	Thunfisch, im eigenen Saft
1 EL	Essig
2 EL	Sojasoße
100 g	Wasser
1 TL	Gemüsebrühpulver
etwas	Salz & Pfeffer
1 Msp.	Cayennepfeffer
½	rote Paprika
½	orange Paprika
40 g	Crème légère
40 g	Mayonnaise, fettarm 10 % Fett (z.B. Miracle Whip Balance)
3	Frühlingszwiebeln

Pro Portion: 282 kcal • 42 g KH • 18 g EW • 4 g Fett

Zubereitung

Spaghetti in der Mitte durchbrechen und in reichlich Salzwasser nach Packungsanweisung al dente kochen. Absieben, in eine Schüssel geben und abkühlen lassen. Thunfisch gut abtropfen lassen, mit einer Gabel zerrupfen und zugeben.

Essig, Sojasoße, Wasser, Gemüsebrühpulver und Gewürze in den Mixtopf geben. Paprika in kleine Würfel schneiden und zugeben. Das Ganze **10 Min./100°C/Stufe 1** kochen. Anschließend im Mixtopf abkühlen lassen.

Crème légère und Mayonnaise zugeben und **20 Sek./ ⟲ /Stufe 2** verrühren. Über den Salat geben und vermengen. Frühlingszwiebeln in Ringe schneiden und über den Salat streuen.

Brokkoli-Mais-
WRAP
„Pikante"

Pro Portion:
251 kcal • 33 g KH • 15 g EW • 6 g Fett

Tipp: *Die Wraps können Sie auch kalt genießen; z. B. als Snack für´s Büro ideal geeignet. Sie brauchen die Wraps vorher nicht erwärmen! Nach dem Aufrollen einfach in Folie einwickeln und im Kühlschrank aufbewahren.*

7

ZUTATEN

1 Handvoll	Petersilie
300 g	Brokkoli
400 g	Hüttenkäse, fettarm
1 Dose	Mais (Abtr.gew. 140 g)
½ TL	Salz
¼ TL	Pfeffer, gem.
½ TL	Paprikapulver, rosenscharf
6	kleine Tortilla-Wraps (à 45 g)
2	Salatherzen
3	Tomaten
6 EL	Salsa-Sauce (120 g)

Zubereitung

Petersilie in den Mixtopf geben und **5 Sek./Stufe 10** hacken. Brokkoli in Stücken zugeben und **5 Sek./Stufe 4** zerkleinern. Hüttenkäse, Mais und Gewürze hinzufügen und **15 Sek./ ⟲ /Stufe 3** mithilfe des Spatels vermengen.

Wraps bei 100°C Umluft im Backofen ca. 10 Min. anwärmen. In der Zwischenzeit Salatherzen putzen und in kleine Streifen schneiden. Tomaten halbieren und in Scheiben schneiden.

Wraps zuerst mit Salat, dann mit der Brokkoli-Mais-Masse belegen. Auf jeden Wrap ½ Tomate (in Scheiben geschnitten) verteilen und je 1 EL Salsa-Sauce darübergeben. Wraps aufrollen und servieren.

KARTOFFELPIZZEN
mit Käsecreme

FÜR DEN TEIG

600 g	Kartoffelkloßteig
1	Ei
½ TL	Salz
½ TL	Pfeffer, gem.

FÜR DEN BELAG

180 g	Schafskäse, light
150 g	saure Sahne, 10% Fett
½ TL	Cayennepfeffer, gem.
20	Cocktailtomaten
1 Handvoll	Rucola
etwas	Salz & Pfeffer

Pro Stück:
121 kcal • 15 g KH • 6 g EW • 4 g Fett

Zubereitung

Backofen auf 200°C Ober-/Unterhitze vorheizen.
Kartoffelkloßteig, Ei, Salz und Pfeffer in den Mixtopf geben und **20 Sek./Stufe 3** zu einem
Teig verarbeiten. Aus dem Teig 10 runde Kartoffelpizzen formen und auf ein mit Backpapier
belegtes Backblech setzen. Im vorgeheizten Backofen ca. 20 Min. vorbacken.

In der Zwischenzeit Schafskäse, saure Sahne und Cayennepfeffer **20 Sek./Stufe 4** vermischen.
Die vorgebackenen Kartoffelpizzen mit der Käsecreme bestreichen, Cocktailtomaten halbieren
und darauf verteilen. Noch einmal 15 Min. backen. Zum Schluss mit Rucola bestreuen, ggf. mit
Salz und Pfeffer noch einmal abschmecken und servieren.

SALAT MIT LACHS
und Joghurtdressing

2

Pro Portion:
267 kcal • 12 KH •
25 g EW • 10 g Fett

ZUTATEN

250 g	Lachs
etwas	Salz & Pfeffer
etwas	Zitronensaft
500 g	Wasser
150 g	Blattsalat, bunt gemischt
1	rote Zwiebel
1	Salatgurke

FÜR DAS DRESSING

1	Knoblauchzehe
1 Handvoll	Petersilie
3	Dillzweige, entstielt
2 EL	Kapern (30 g)
250 g	Naturjoghurt, 1,5%
1 TL	Senf, mittelscharf
2 EL	Zitronensaft
etwas	Salz & Pfeffer

Joghurtdressing: Geeignet für alle Blattsalate, Gurkensalat, Kartoffelsalat oder als Soße für kalte Wraps.

Zubereitung

Zuerst das Dressing zubereiten. Knoblauchzehe, Petersilie und Dill in den Mixtopf geben und **3 Sek./Stufe 8** zerkleinern. Restliche Zutaten für das Dressing zugeben und **5 Sek./Stufe 8** mixen. Umfüllen und Mixtopf spülen.

Lachs in Würfel schneiden. Mit Salz und Pfeffer würzen, etwas Zitronensaft darüber träufeln und in den Gareinsatz geben. Wasser in den Mixtopf füllen, Gareinsatz einsetzen und den Lachs **15 Min./Varoma/Stufe 1** garen.

In der Zwischenzeit den Salat putzen und waschen. Zwiebel und Gurke in Scheiben schneiden. Alles mit dem Dressing in einer großen Schüssel vermischen und auf 3 Tellern anrichten.

Nach Garzeitende den Lachs auf den Salattellern verteilen, mit etwas Dill bestreuen und sofort servieren.

EIERSALAT
mit Cranberries

Pro Portion:
198 kcal • 7 g KH • 7 g EW • 15 g Fett

4

ZUTATEN

3 EL	Cranberries, getr.
1 kl. Handvoll	Rucola
6	Eier, hart gekocht
100 g	Mayonnaise/Salatcreme, bis 23% Fett
100 g	saure Sahne, 10% Fett
1 TL	Senf, mittelscharf
½ TL	Salz
1 Prise	Pfeffer, gem.

Zubereitung

Cranberries und Rucola in den Mixtopf geben und **10 Sek./Stufe 6** zerkleinern. Eier schälen und zugeben.

Alle restliche Zutaten hinzufügen und **15 Sek./Stufe 3** vermengen.

LACHSRÖLLCHEN
mit Ei und Meerrettich

ZUTATEN

200 g	Räucherlachs-scheiben
etwas	frischer Dill
2	Eier, hart gekocht
2 EL	Crème légère
2 TL	Sahnemeerrettich
etwas	Zitronensaft
½	Salatgurke
etwas	rosa Pfefferbeeren, frisch gem.
etwas	Salz & Pfeffer

Pro Stück:
59 kcal • 1 g KH • 5 g EW • 4 g Fett

Zubereitung

Eine Lage Frischhaltefolie auf die Arbeitsfläche legen und die Lachsscheiben leicht überlappend darauf legen, so dass ein Rechteck entstehen.

Dill in den Mixtopf geben und **8 Sek./Stufe 8** hacken. Eier, Crème légère und Sahnemeer-rettich zugeben und mit etwas Salz und Pfeffer würzen. Das Ganze nun **5 Sek./Stufe 5** zerkleinern. Mit dem Spatel nach unten schieben und **30 Sek./Stufe 3** cremig rühren. Lachs mit etwas Zitronensaft beträufeln und mit der Eiercreme bestreichen. Gurke mit einem Hobel längs in dünne Streifen hobeln und darauf legen. Lachs mithilfe der Folie einrollen. Die Folie entfernen und den Lachs in Scheiben schneiden. Auf einem Teller anrichten und noch einmal mit Salz, Pfeffer und rosa Pfefferbeeren bestreuen.

SPINATKNÖDEL
mit Rahmkartoffeln

11

Pro Portion:
444 kcal • 42 KH • 34 g EW • 15 g Fett

ZUTATEN

500 g	Spinat, TK
2	Knoblauchzehen
1	Brötchen, altbacken (vom Vortag)
400 g	Tatar
1	Ei
½ TL	Senf, mittelscharf
etwas	Salz, Pfeffer, Muskat
900 g	Wasser, lauwarm
1 TL	Gemüsebrühpulver
500 g	Kartoffeln (vorw. festk.)
200 g	Milch, 1,5% Fett
50 g	Mehl
150 g	Crème légère
etwas	Zitronensaft

Zubereitung

Spinat auftauen und ausdrücken. Knoblauch in den Mixtopf geben, **5 Sek./Stufe 6** zerkleinern. 300 g Spinat zugeben und **3 Sek./Stufe 6** zerkleinern. Den restlichen Spinat zur Seite stellen.

Brötchen in Wasser einweichen und ausdrücken. Tatar, Brötchen, Ei und Senf in den Mixtopf geben. Mit Salz, Pfeffer und einer Prise Muskat abschmecken. **30 Sek./ ⟲ /Stufe 4** vermengen.

12 Hackbällchen formen und im Varoma verteilen. Restlichen Spinat mit in den Varoma geben (dieser wird später noch unter die Soße gerührt). Mixtopf spülen.

Wasser und Gemüsebrühpulver in den Mixtopf füllen. Kartoffeln schälen, in mundgerechte Stücke schneiden und in den Gareinsatz geben. Gareinsatz in den Mixtopf einsetzen. Mixtopfdeckel auflegen, Varoma aufsetzen und das Ganze **25 Min./Varoma/Stufe 1** garen.

Varoma und Gareinsatz samt Kartoffeln zur Seite stellen. Mixtopf leeren und dabei 500 g Garflüssigkeit auffangen. Garflüssigkeit, Milch und Mehl in den Mixtopf geben und **5 Min./100°C/Stufe 3** garen. Crème légère dazugeben **10 Sek./Stufe 4** unterrühren.

Restlichen gegarten Spinat in die Soße geben und nochmal **10 Sek./Stufe 3** unterrühren. Mit Salz, Pfeffer und evtl. etwas Muskat abschmecken. Nach Belieben mit Zitronensaft verfeinern. Knödel und Kartoffeln mit der Soße servieren.

SCHMORKOHL
mit Hackbällchen

Pro Portion:
408 kcal • 44 g KH • 29 g EW • 11 g Fett

FÜR DEN SCHMORKOHL

700 g	Weißkohl
1 EL	Rapsöl
1 ½ TL	Salz
je 1 TL	Pfeffer, Muskat und Kümmel, gem.
2 TL	Gemüsebrühpulver
1.000 g	Wasser, lauwarm

7

ZUTATEN

2	Zwiebeln, halbiert
200 g	Tatar
½ TL	Salz
¼ TL	Pfeffer, gem.
¼ TL	Muskat, gem.
300 g	Kartoffeln (vorw. festk.)

Zubereitung

Zwiebeln im Mixtopf **5 Sek./Stufe 5** zerkleinern. Die Hälfte aus dem Mixtopf nehmen und beiseitestellen.

Tatar, Salz, Pfeffer und Muskat zu den Zwiebeln geben und **20 Sek./⟳/Stufe 2** vermengen. Aus der Masse 10 Hackbällchen formen und auf den Varoma-Einlegeboden geben. Kartoffeln schälen, in 1 cm dicke Scheiben schneiden, waschen und nebeneinander in den Varoma legen.

Restliche Zwiebeln mit Rapsöl in den Mixtopf geben und **3 Min./100°C/Stufe 1** anschwitzen. Weißkohl in ca. 4x4 cm große Stücke schneiden und zugeben. Gewürze und Wasser zugeben. Mixtopfdeckel auflegen, Varoma mit Kartoffeln und Hackbällchen aufsetzen und alles **35 Min./Varoma/⟳/Sanftrührstufe** garen. Nach Garzeitende Schmorkohl absieben und alles zusammen servieren.

Schnelles HÜHNERFRIKASSEE

ZUTATEN

2	Karotten
200 g	Champignons
150 g	Erbsen (TK)
300 g	Hühnerbrustfilet
170 g	Spargel
200 g	Reis (Langkornreis)
2 TL	Salz
1.200 g	Wasser, lauwarm (TM31: 800 g)
350 g	Milch, 1,5% Fett
4 TL	Speisestärke
½ TL	Pfeffer, gem.

Pro Portion: 386 kcal • 55 g KH • 29 g EW • 3 g Fett

Zubereitung

Karotten und Champignons in Scheiben geschnitten zusammen mit den Erbsen in den Varoma geben. Hühnerbrustfilet in mundgerechte Stücke schneiden und auf den Varoma-Einlegeboden legen. Vom Spargel die holzigen Enden abschneiden und schälen. In Stücke schneiden und ebenfalls auf den Einlegeboden geben.

Gareinsatz in den Mixtopf einsetzen und Reis einwiegen. 1 TL Salz darüber geben und mit Wasser übergießen. Mixtopfdeckel auflegen, Varoma aufsetzen und das Ganze nun **25 Min./Varoma/Stufe 1** garen.

Nach Garzeitende Fleisch und Gemüse in eine separate Schüssel füllen. Reis beiseitestellen. Mixtopf leeren und dabei 150 g Garflüssigkeit auffangen.

Für die Soße Milch, Garflüssigkeit, Speisestärke, 1 TL Salz und Pfeffer in den Mixtopf geben und **4 Min./Varoma/Stufe 3** köcheln lassen. Ggf. noch einmal nachwürzen, mit Fleisch und Gemüse vermengen und zusammen mit dem Reis servieren.

RAHM-CHAMPIGNONS
mit Schweinefilet

8

Achtung: Bitte darauf achten, dass das Schweinefilet immer gegen die Faser geschnitten wird.

Anstatt Kartoffeln können Sie auch Bandnudeln oder Reis dazu servieren. Dazu passt ein gemischter Salat.

Pro Portion:
324 kcal • 25 g KH • 30 g EW • 10 g Fett

ZUTATEN

300 g	Champignons
200 g	Gemüse nach Wahl (mit 0-Punkten)
400 g	Schweinefilet
etwas	Salz, Pfeffer & Paprikapulver
800 g	Wasser
1 TL	Salz
400 g	Kartoffeln, geschält, in Stücke geschnitten (vorw. festk.)

FÜR DIE SOSSE

1	Zwiebel, halbiert
1	Knoblauchzehe
1 TL	Öl
100 g	Milch, 1,5% Fett
1 EL	Speisestärke
2 Ecken	Schmelzkäse, 9% Fett (30 g)
1 TL	Gemüsebrühpulver
½ TL	Salz
etwas	Pfeffer, gem.
150 g	Crème légère
2 TL	Petersilie

Zubereitung

Champignons in Scheiben schneiden und in den Varoma geben, auf eine Seite schieben. Gemüse auf die andere Seite geben. Darauf achten, dass die Luftschlitze frei bleiben. Schweinefilet in Scheiben schneiden und auf den Varoma-Einlegeboden geben. Fleisch mit Salz, Pfeffer und Paprikapulver würzen.

Wasser und Salz in den Mixtopf füllen. Kartoffeln in den Gareinsatz geben und einsetzen. Mixtopfdeckel auflegen, Varoma aufsetzen und alles **30 Min./Varoma/Stufe 1** garen.

Nach Garzeitende Varoma und Kartoffeln zur Seite stellen und warm halten. Mixtopf leeren und dabei 200 g Garflüssigkeit für die Soße auffangen.

Zwiebel und Knoblauch im Mixtopf **5 Sek./Stufe 5** zerkleinern. Mit dem Spatel nach unten schieben. Öl dazugeben und **2 Min./120°C/Stufe 1** dünsten.

200 g Garflüssigkeit und restliche Zutaten für die Soße (außer Crème légère & Petersilie) zugeben und **10 Sek./Stufe 5** vermengen. Nun **3 Min./100°C/Stufe 3** aufkochen. Crème légère und Petersilie zugeben und **10 Sek./Stufe 3** untermischen. Ggf. noch einmal nachwürzen. Champignons vorsichtig mit dem Spatel unterheben.

Schweinefilet zusammen mit Gemüse, Kartoffeln und Champignon-Soße servieren.

PUTENROULADEN
mit Rucola-Frischkäse-Füllung

10

Pro Portion:
504 kcal • 58 KH • 40 g EW • 11 g Fett

ZUTATEN

4	Putenschnitzel, dünn (à 120 g)
etwas	Kräutersalz (o. Salz)
etwas	Paprikapulver, edelsüß
25 g	getr. Tomaten, in Öl eingelegt, gut abgetropft
1 kl. Handvoll Rucola (20 g)	
75 g	Frischkäse, natur (bis 15% Fett)
etwas	Salz & Pfeffer

AUSSERDEM

1	kl. Karotte
150 g	Champignons
500 g	Paprika-Mix
1	kl. Zucchini
1	Zwiebel
200 g	Reis (Langkornreis)
1-2 TL	Gemüsebrühpulver
1.200 g	Wasser, lauwarm (TM31: 1.000 g)

FÜR DIE SOSSE

30 g	Mehl
100 g	Crème légère

Tipp: Die Rucola-Frischkäse-Füllung schmeckt auch sehr gut als Dip bzw. Aufstrich. Bei 4 Portionen hat dieser pro Portion 2 Pkt.

Zubereitung

Die Putenschnitzel nach Belieben entweder am Stück verwenden oder noch einmal teilen, sodass man kleine Putenrouladen erhält. Fleisch dünn klopfen und mit Kräutersalz und Paprikapulver würzen. Getrocknete Tomaten und Rucola **6 Sek./Stufe 6** zerkleinern. Frischkäse zugeben und **8 Sek./Stufe 3** unterrühren. Umfüllen.

Putenschnitzel mit 2/3 der Frischkäse-Rucola-Creme bestreichen und aufrollen. Die Rouladen mit einem Zahnstocher verschließen. Restliche Frischkäse-Rucola-Creme für die Soße zur Seite stellen. Putenrouladen auf den Varoma-Einlegeboden geben. Mit Paprikapulver, Salz und Pfeffer würzen. Gemüse in Stücken in den Varoma geben. Mit Salz würzen.

Gareinsatz in den Mixtopf einsetzen und Reis einwiegen. Gemüsebrühpulver darüber geben und mit Wasser übergießen. Mixtopfdeckel auflegen, Varoma aufsetzen und das Ganze nun **30-35 Min./Varoma/Stufe 1** garen (je nach Dicke der Fleischröllchen).

Nach Garzeitende Varoma absetzen und Gareinsatz samt Reis zur Seite stellen. Mixtopf leeren und dabei 450 g Garflüssigkeit auffangen. Zusammen mit Mehl, 50 g vom gegartem Gemüse und etwas Salz in den Mixtopf geben. **5 Sek./Stufe 6** pürieren und **4 Min./90°C/Stufe 3** aufkochen. Zum Schluss Crème légère und restliche Frischkäse-Rucola-Creme **5 Sek/Stufe 5** unterrühren. Ggf. noch einmal mit Salz und Pfeffer abschmecken. Putenrouladen zusammen mit Reis, Gemüse und Soße servieren.

Kunterbuntes HÄHNCHEN CURRY

ZUTATEN

1	rote Paprika
1	gelbe Paprika
3	Frühlingszwiebeln
1	kl. Zucchini
300 g	Hähnchenbrustfilet, in Streifen geschnitten
200 g	Reis (Langkornreis)
1 TL	Salz
1.200 g	Wasser, lauwarm (TM31: 1.000 g)

FÜR DIE SOSSE

150 g	Kokosmilch (zum Kochen), fettreduziert
1 TL	rote Currypaste
½ TL	Paprikapulver, edelsüß
¼ TL	Koriander, gem.
2 TL	Salz
1 TL	Currypulver
1 Glas	Mungobohnenkeimlinge
1 Glas	Bambussprossen

8

Zubereitung

Paprika in Streifen und Frühlingszwiebeln in Ringe schneiden. Zucchini längs halbieren und in Scheiben schneiden. Alles in den Varoma geben. Hähnchenbruststreifen mit etwas Salz, Pfeffer und Paprikapulver würzen auf den Varoma-Einlege-boden geben.

Gareinsatz einsetzen und Reis einwiegen. Salz darüber geben und mit Wasser übergießen. Mixtopfdeckel auflegen, Varoma aufsetzen und das Ganze nun **25 Min./Varoma/Stufe 1** garen.

Nach Garzeitende Gemüse und Fleisch in eine Schüssel geben. Reis warm halten und beiseite-stellen. Mixtopf leeren und dabei 200 g Garflüssigkeit auffangen.

Für die Soße 200 g Garflüssigkeit, Kokosmilch, die restlichen Gewürze, die abgetropften Mungo-bohnenkeimlinge und Bambussprossen in den Mixtopf geben und **4 Min./Varoma/ ⟳ /Stufe 1** erhitzen. Über das Gemüse und das Fleisch geben und gut verrühren. Zusammen mit dem Reis servieren.

Pro Portion:
334 kcal • 47 KH • 25 g EW • 5 g Fett

Mediterraner FILETTOPF

ZUTATEN

2	Karotten
1	Zucchini
1	rote Paprika
1	gelbe Paprika
2	Zwiebeln
500 g	Gnocchi
1	Knoblauchzehe
1 EL	Olivenöl
400 g	Schweinefilet, in Streifen geschnitten
2 Dosen	Tomaten, stückig (à 400 g)
40 g	Tomatenmark
1 TL	Paprikapulver, edelsüß
1 TL	Oregano, gerebelt
1 TL	Thymian, gerebelt
1 TL	Salz
1 TL	Gemüsebrühpulver
½ TL	Pfeffer, gem.
300 g	Wasser, lauwarm
100 g	Crème légère

Pro Portion: 507 kcal • 52 g KH • 35 g EW • 14 g Fett

Zubereitung

Karotten und Zucchini in Scheiben, Paprika in Stücke schneiden und alles im Varoma verteilen. Eine Zwiebel vierteln und in Scheiben über dem Gemüse verteilen. Varoma-Einlegeboden mit etwas Öl bestreichen und die Gnocchi darauf geben.

Zweite Zwiebel halbieren und mit Knoblauch im Mixtopf **5 Sek./Stufe 5** zerkleinern. Olivenöl dazugeben und **3 Min./120°C/Stufe 1** dünsten. Fleischstreifen hinzufügen und **5 Min./120°C/Sanftrührstufe** garen.

Stückige Tomaten, Tomatenmark, Gewürze und Wasser zugeben, Varoma aufsetzen und **20 Min./Varoma/ ☺ /Sanftrührstufe** köcheln lassen.

Danach Varoma herunternehmen, Crème légère in den Mixtopf geben und **5 Sek./ ☺ /Stufe 3** unterrühren. Gemüse **2 Sek./ ☺ /Stufe 3** unterheben. Zusammen mit den Gnocchi servieren.

KOHLRABI-KARTOFFEL-AUFLAUF
mit Hack

10

Pro Portion:
407 kcal • 41 KH • 25 g EW • 14 g Fett

ZUTATEN

80 g	Käse, z.B. Gouda, 45% Fett
2	Zwiebeln, halbiert
2 TL	Pflanzenöl
200 g	Tatar
1 Msp.	Muskat, gem.
etwas	Salz & Pfeffer
700 g	Wasser, lauwarm
1 TL	Salz
500 g	Kartoffeln, geschält, in ca. 1 cm dicke Scheiben geschnitten (vorw. festk.)
2	Kohlrabi

FÜR DIE SOSSE

250 g	Milch 1,5% Fett
40 g	Speisestärke
50 g	Schmelzkäse, fettarm

Tipp: *Verfeinern Sie den Auflauf z.B. mit Karottenwürfeln.*

Zubereitung

Käse in Stücken in den Mixtopf geben und **15 Sek./Stufe 5** reiben. Umfüllen. Zwiebeln im Mixtopf **5 Sek./Stufe 5** zerkleinern. Öl zugeben und **3 Min./120°C/Stufe 1** dünsten. Tatar und Muskat hinzufügen. Mit Salz und Pfeffer würzen und **4 Min./120°C/ /Stufe 1** garen. Umfüllen.

Wasser zusammen mit 1 TL Salz in den Mixtopf geben. Gareinsatz mit den Kartoffeln einsetzen. Kohlrabi schälen, in Würfel schneiden und in den Varoma geben. Deckel schließen, Varoma aufsetzen und **25 Min./Varoma/Stufe 1** garen.

Nach Garzeitende Kartoffeln, Kohlrabi und Tatar in eine Auflaufform geben. Mixtopf leeren und dabei 250 g Garflüssigkeit auffangen.

Für die Soße Garflüssigkeit, Milch, Speisestärke und Schmelzkäse in den Mixtopf geben und **4 Min./Varoma/Stufe 4** kochen. Mit Salz, Pfeffer und Muskat abschmecken.

Die Soße über den Auflauf geben und mit dem geriebenen Käse bestreuen. Im vorgeheizten Ofen auf 220°C (Umluft: 200°C) ca. 15 Min. überbacken.

SCHINKEN-TATAR-RÖLLCHEN
mit Tagliatelle

8

Pro Portion:
462 kcal • 39 KH • 46 g EW • 13 g Fett

ZUTATEN

1	Zwiebel, halbiert
1	Knoblauchzehe
1 EL	Öl
800 g	Tatar
1	Ei (Gr. M)
1 TL	Paprikapulver, rosenscharf
1 TL	Oregano, gerebelt
½ TL	Salz
1 Msp.	Pfeffer, gem.
1	kl. Zucchini
300 g	Prosciutto Schinken, gekocht

FÜR DIE SOSSE

1	Zwiebel, halbiert
1	Knoblauchzehe
3 EL	Tomatenmark
2 Dosen	Kirschtomaten, in Tomatensaft (à 400 g)
250 g	Wasser
1 TL	Gemüsebrühpulver
2 TL	ital. Kräuter, getr.

BEILAGE

250 g	Tagliatelle

Zubereitung

Zwiebel und Knoblauchzehe in den Mixtopf geben, **5 Sek./Stufe 6** zerkleinern und mit dem Spatel nach unten schieben. Öl zugeben und **2 Min./120°C/Stufe 1 (TM31: Varoma)** dünsten. Restliche Zutaten für die Röllchen (außer Zucchini und Schinken) zugeben und **1 Min./Teigstufe** vermengen. Umfüllen und in 12 Portionen teilen. Mixtopf spülen. Backofen auf 180°C Ober-/Unterhitze vorheizen.

Von der Zucchini der Länge nach mit einem Sparschäler Streifen abziehen. Je 1 Scheibe Schinken auf die Arbeitsfläche legen und mit einer Lage Zucchinistreifen belegen. 1 Portion Tatarmasse zu einer Rolle formen, auf den Schinken legen und aufrollen. Mit der Naht nach unten in eine große Auflaufform setzen.

Für die Soße Zwiebel und Knoblauchzehe im Mixtopf **5 Sek./Stufe 6** zerkleinern. Restliche Zutaten zugeben und **5 Min./100°C/Stufe 1** aufkochen. Soße über die Röllchen gießen und im vorgeheizten Backofen ca. 35 Min. garen. In der Zwischenzeit Nudeln nach Packungsanweisung kochen. Alles zusammen servieren.

Tipp: Anstelle der Nudeln können Sie auch 250 g Reis garen. Der Wert pro Portion bleibt gleich.

GEFÜLLTE PAPRIKA
mit Bulgur

Pro Portion:
354 kcal • 35 g KH • 22 g EW • 12 g Fett

Tipp: *Servieren Sie dazu einen gemischten Salat.*

7

ZUTATEN

80 g	Gouda, 45 % Fett in Tr.
130 g	Bulgur, trocken
4	Paprika, rot oder gelb
1 TL	Salz
1.200 g	Wasser, lauwarm (TM31: 1.000 g)
1	Zwiebel, halbiert
2 TL	Halbfettmargarine
200 g	Tatar
1 Dose	Tomaten, stückig (400 g)
1 TL	Salz
1 TL	Paprikapulver, edelsüß
1 TL	Thymian, gerebelt
½ TL	Pfeffer, gem.

Zubereitung

Gouda in Stücken in den Mixtopf geben und **15 Sek./Stufe 5** zerkleinern. Umfüllen.

Gareinsatz einsetzen und Bulgur einwiegen. Salz darüber geben und mit Wasser übergießen. Mixtopfdeckel und Varoma aufsetzen. Paprika halbiert und entkernt in den Varoma legen, **25 Min./Varoma/Stufe 1** garen.

Paprikahälften in eine Auflaufform geben. Bulgur beiseitestellen. Mixtopf leeren und trocknen. Zwiebel **5 Sek./Stufe 5** zerkleinern. Margarine zugeben und **2 Min./100°C/Stufe 1** dünsten. Tatar (zerrupft) zugeben und **4 Min./100°C/ 🥄 /Stufe 1** garen. Restliche Zutaten zugeben und **5 Min./100°C/ 🥄 /Stufe 1** garen. Ggf. noch einmal abschmecken.

Bulgur mit der Tatarmasse vermengen, in die Paprikahälften verteilen und mit Käse bestreuen. Im vorgeheizten Backofen bei 220°C 10-15 Min. überbacken.

Geflügel-
BOLOGNESE

7 ♥

ZUTATEN

250 g	Karotten
200 g	Knollensellerie
2	Zwiebeln
1 EL	Olivenöl
300 g	Geflügelhackfleisch (s. Umschlag vorne)
500 g	passierte Tomaten
200 g	Wasser
2 TL	Gemüsebrühpulver
2 EL	Rosmarinnadeln, gehackt
250 g	Makkaroni
etwas	Salz & Pfeffer

Pro Portion: 437 kcal • 59 g KH • 25 g EW • 9 g Fett

Tipp: *Verfeinern Sie dieses Gericht mit Parmesan.*
Für die Berechnung: 1 EL = 1 Pkt.

Zubereitung

Karotten und Sellerie in Stücken in den Mixtopf geben und **4 Sek./Stufe 6** zerkleinern. Umfüllen.

Zwiebeln (halbiert) im Mixtopf **6 Sek./Stufe 5** klein hacken. Olivenöl zugeben und **3 Min./120°C/Stufe 1** dünsten. Hackfleisch hinzufügen und **4 Min./ 🥄 /100°C/Sanftrührstufe** garen. Karotten und Sellerie zugeben und **4 Min./ 🥄 /100°C/Stufe 1** dünsten.

Passierte Tomaten, Wasser, Brühpulver und Rosmarin zugeben und **15 Min./ 🥄 /100°C/Sanftrührstufe** fertig garen. In der Zwischenzeit Makkaroni nach Packungsanweisung garen. Soße ggf. nochmals mit Salz und Pfeffer abschmecken.

SCHWEINEFILET
mit Bohnen, Reis & Pilzsoße

9

GERICHT OHNE REIS   4

Pro Portion:
439 kcal • 52 KH • 39 g EW • 8 g Fett

ZUTATEN

6 Scheiben Schinken, mager (à 10 g)

400 g	Bohnen
etwas	Bohnenkraut
250 g	Champignons, geputzt, in Scheiben geschnitten
100 g	Pfifferlinge
200 g	Reis (Langkornreis)
1 TL	Gemüsebrühpulver
1.200 g	Wasser, lauwarm (TM31: 1.000 g)
450 g	Schweinefilet
1 TL	Öl zum Anbraten
etwas	Salz, Pfeffer, Thymian

FÜR DIE SOSSE

1	Zwiebel, halbiert
2 TL	Halbfettmargarine (10 g)
10 g	Tomatenmark
1 TL	Senf, mittelscharf
20 g	Mehl
200 g	Milch 1,5% Fett
150 g	Wasser
1 TL	Gemüsebrühpulver
1 TL	Majoran, gerebelt
½ TL	Paprikapulver, edelsüß
½ TL	Salz
½ TL	Pfeffer, gem.

Zubereitung

Schinkenscheiben längs halbieren, aus den Bohnen insgesamt 12 Bündel legen und mit dem Schinken umwickeln. In den Varoma legen und mit etwas Salz und Bohnenkraut bestreuen. Champignons und Pfifferlinge auf dem Einlegeboden verteilen.

Gareinsatz in den Mixtopf einsetzen und Reis einwiegen. Gemüsebrühpulver darüber geben und mit Wasser übergießen. Mixtopfdeckel auflegen, Varoma aufsetzen und das Ganze nun **25-28 Min./Varoma/Stufe 1** garen.

Nach Garzeitende Mixtopf leeren und die Schinkenbohnen sowie den Reis warm halten (Pilze werden für die Soße benötigt).

Für die Soße Zwiebel in den Mixtopf geben und **5 Sek./Stufe 5** zerkleinern. Margarine zugeben und **3 Min./100°C/Stufe 1** dünsten. Restliche Zutaten für die Soße zugeben und **10 Sek./Stufe 8** mixen. Pilze zugeben und **5 Min./90°C/ /Stufe 1** aufkochen.

In der Zwischenzeit Schweinefilet in Scheiben schneiden und mit 1 TL Öl anbraten. Mit Salz, Pfeffer und Thymian würzen. Fleisch zusammen mit Reis, Schinkenbohnen und Pilzsoße servieren.

Statt Reis können Sie auch 200 g Nudeln (Trockengewicht) oder 12 Kroketten (für 4 Portionen) verwenden.

VAROMA-GYROS
mit Tzatziki

11

Pro Portion:
459 kcal • 42 KH • 44 g EW • 12 g Fett

ZUTATEN

2	Schweineschnitzel, mager (à 150 g)*
3 TL	Gyrosgewürz
2 TL	Paprikapulver, rosenscharf
1 TL	Öl
180 g	Feta, light (9% Fett absolut)
½	Spitzkohl
1	rote Paprika
100 g	Langkornreis, parboiled
1 TL	Gemüsebrühpulver
1.200 g	Wasser (TM31: 800 g)
2	Romatomaten
1	Zwiebel

FÜR DAS TZATZIKI

1	Knoblauchzehe
¼	Salatgurke
etwas	Salz & weißer Pfeffer, gem.
1 EL	Schnittlauchröllchen
¼ TL	Paprikapulver, rosenscharf
300 g	Naturjoghurt, bis 1,8 % Fett

Sie können auch Hähnchenfleisch verwenden, dann:

Durch das Hähnchenfleisch verkürzt sich die Garzeit auf 22-25 Min.

Zubereitung

Schweineschnitzel in dünne Streifen schneiden und mit Gyrosgewürz, Paprikapulver und Öl vermengen (kann auch über Nacht marinieren).

Für das Tzatziki Knoblauchzehe **5 Sek./Stufe 6** zerkleinern. Von der Salatgurke die Kerne herausschneiden und Gurke in Stücken mit in den Mixtopf geben. Salz, weißen Pfeffer, Schnittlauchröllchen und Paprikapulver zugeben und **4-5 Sek./Stufe 4** zerkleinern. Joghurt zugeben und **10 Sek./ ⟲ /Stufe 3** mischen. Kalt stellen. Mixtopf spülen.

Feta in Würfel schneiden und zusammen mit dem Fleisch auf dem Einlegeboden verteilen. Fleisch nicht aufeinanderlegen, damit es gleichmäßig durchgart. Spitzkohl und Paprika in dünne Streifen schneiden und unten in den Varoma geben. Bitte darauf achten, dass ausreichend Schlitze in der Mitte frei bleiben. Einlegeboden aufsetzen.

Gareinsatz einsetzen. Reis einwiegen, Gemüsebrühpulver darauf geben und mit Wasser übergießen. Varoma aufsetzen und das Ganze **28-30 Min./Varoma/Stufe 1** garen. In der Zwischenzeit Tomaten und Zwiebel in dünne Scheiben schneiden.

Nach Garzeitende Reis mit Spitzkohl und Paprika mischen und zusammen mit Gyros, Tomaten und Zwiebelringen servieren. Wer möchte, kann noch mal mit etwas Paprikapulver nachwürzen. Dazu servieren Sie das Tzatziki.

CEVAPCICI
mit Gemüsereis

Pro Portion:
430 kcal • 54 g KH • 29 g EW • 9 g Fett

FÜR DEN REIS

1	Zwiebel, halbiert
1-2 TL	Gemüsebrühpulver
25 g	Tomatenmark
230 g	Reis (Langkornreis)
100 g	Mais
100 g	Erbsen, TK
400 g	Tomaten, gewürfelt
etwas	Salz & Pfeffer
etwas	Paprikapulver, rosenscharf
3 EL	Petersilie

ZUTATEN

1	Zwiebel, halbiert
2	Knoblauchzehen
1 Handvoll	Petersilie
400 g	Tatar
1 TL	Majoran, gerebelt
1 TL	Thymian, gerebelt
1 TL	Paprikapulver, edelsüß
½ TL	Salz
etwas	Pfeffer, gem.
1 TL	Öl zum Anbraten

8

Zubereitung

Zwiebel, Knoblauch und Petersilie im Mixtopf **5 Sek./Stufe 6** zerkleinern. Tatar und restliche Gewürze hinzufügen und **40 Sek./Teigstufe** mithilfe des Spatels vermengen. Aus der Masse 8 gleich große Cevapcici-Röllchen formen. In einer beschichteten Pfanne mit 1 TL Öl anbraten. Mixtopf spülen.

Für den Reis Zwiebel in den Mixtopf geben und **5 Sek./Stufe 6** zerkleinern. Umfüllen. Wasser (TM5: 1.200 g / TM31: 1.000 g), Gemüsebrühpulver und Tomatenmark in den Mixtopf geben. **2 Sek./Stufe 7** mischen. Gareinsatz in den Mixtopf einsetzen, Reis einwiegen, Gareinsatz herausnehmen und Reis unter laufendem Wasser wässern. Zwiebel auf den Reis geben und Gareinsatz einsetzen. Mais und Erbsen in den Varoma geben. Varoma aufsetzen und das Ganze **20 Min./Varoma/Stufe 1** garen.

Nach Garzeitende Reis mit Gemüse und Tomatenwürfeln vermengen. Mit Salz, Pfeffer, Paprikapulver und Petersilie abschmecken.

Tipp: *Sie können die Cevapcici auch bei 200°C Ober-/Unterhitze ca. 35-45 Min. im Ofen garen.*

ZITRONEN-KNOBLAUCH-HÄHNCHEN
aus dem Ofen

4

ZUTATEN

600 g	Hähnchenbrustfilet
200 g	Kartoffeln (vorw. festk.)
1	rote Paprika
5	Champignons
1	rote Zwiebel

FÜR DIE MARINADE

3	Knoblauchzehen
3 Zweige	Rosmarinnadeln
40 g	getr. Tomaten, ohne Öl
100 g	Wasser
1 EL	Olivenöl
3 EL	Zitronensaft
1 TL	Gemüsebrühpulver
1 TL	Salz
½ TL	Pfeffer, gem.

Pro Portion: 541 kcal • 30 g KH • 75 g EW • 12 g Fett

Zubereitung

Backofen auf 180°C Umluft vorheizen. Hähnchenbrust in 6 Stücke (pro Portion 3 Stück) teilen und auf ein mit Backpapier belegtes Backblech geben. Kartoffeln schälen und zusammen mit der Paprika in Würfel schneiden. Champignons vierteln oder achteln. Zwiebel in Spalten schneiden. Alles auf dem Backblech verteilen.

Für die Marinade Knoblauchzehen, Rosmarinnadeln und getrocknete Tomaten im Mixtopf **6 Sek./Stufe 10** zerkleinern. Restliche Zutaten zugeben und **5 Sek./Stufe 6** mixen. Marinade über Fleisch und Gemüse geben und mit den Händen gut vermengen. Im vorgeheizten Backofen ca. 35 Min. garen.

Hähnchen-Ananas-
CURRY

8

Pro Portion:
403 kcal • 58 KH • 32 g EW • 3 g Fett

ZUTATEN

je ½	Paprika, rot, grün u. gelb
200 g	Brokkoli, in Röschen
400 g	Hähnchenbrust
1 TL	Honig
2	Frühlingszwiebeln
240 g	Reis (Langkornreis)
1 TL	Salz
1.200 g	Wasser, lauwarm (TM31: 1.000 g)

FÜR DIE SOSSE

60 g	Mehl
2 TL	Currypulver
½ TL	Salz
1 TL	Zitronensaft
1 TL	Gemüsebrühpulver
100 g	Milch, 1,5% Fett
100 g	Ananasstücke, frisch

Zubereitung

Paprika waschen, in grobe Stücke schneiden und zusammen mit den Brokkoliröschen in den Varoma legen (ggf. mit etwas Salz oder Gemüsebrühpulver würzen). Hähnchenbrust in Stücke schneiden und mit dem Honig bestreichen. Frühlingszwiebeln in Ringe schneiden und mit dem Fleisch auf dem Varoma-Einlegeboden verteilen.

Gareinsatz in den Mixtopf einsetzen und Reis einwiegen. Salz darüber geben und mit Wasser übergießen. Mixtopfdeckel auflegen, Varoma aufsetzen und das Ganze nun **28 Min./Varoma/Stufe 1** garen.

Nach Garzeitende Varoma abnehmen. Gareinsatz mit Reis entfernen. 400 g Garflüssigkeit im Mixtopf lassen (ggf. mit Gemüsebrühe auffüllen). Restliche Zutaten für die Soße zugeben und **10 Sek./Stufe 5** mixen. Anschließend Soße **7 Min./100°C/Stufe 2** aufkochen lassen. Alles zusammen servieren.

Überbackene
SCHINKEN-RÖLLCHEN

Pro Portion:
601 kcal • 21 g KH • 59 g EW • 30 g Fett

Tipp: Mit Ciabatta ist das Ganze sehr sättigend, sodass auch ein Schinkenröllchen als Vorspeise ausreichen kann. Bitte vorsichtig mit Salz umgehen, da der Schinken bereits recht würzig ist.

♥

10

ZUTATEN

80 g	Gouda, light
1	Zwiebel, halbiert
1 ½	Karotten
1 TL	Olivenöl
200 g	Tatar
1 TL	Salz
1 TL	Pfeffer, gem.
2 TL	Thymian, gerebelt
8 Scheiben	Kochschinken (ohne Fettrand)
250 g	passierte Tomaten
60 g	Tomatenmark
80 g	Wasser, lauwarm
60 g	Crème légère

Zubereitung

Gouda in Stücken in den Mixtopf geben und **12 Sek./Stufe 5** reiben. Umfüllen.

Zwiebel und Karotten in Stücken im Mixtopf **6 Sek./Stufe 5** zerkleinern. Olivenöl, Tatar, ½ TL Salz, ½ TL Pfeffer und 1 TL Thymian zugeben und **2 Min./ /100°C/Stufe 1** dünsten. Masse auf den Schinkenscheiben verteilen, aufrollen und in eine Auflaufform legen. Mixtopf säubern.

Tomaten, Tomatenmark, Wasser, Crème légère, ½ TL Salz, ½ TL Pfeffer und 1 TL Thymian im Mixtopf **15 Sek./Stufe 3** mischen.

Soße über die Schinkenröllchen gießen und mit geriebenem Käse bestreuen. Im vorgeheizten Backofen bei 180°C 25-30 Min. überbacken.

SCHNITZELGRATIN *Toskana*

Pro Portion: 265 kcal • 11 g KH • 38 g EW • 7 g Fett

ZUTATEN

4	Putenschnitzel (à 120 g)
etwas	Salz & Pfeffer
1	kl. Zucchini
2	Romatomaten
1	Mozzarella, light (125 g)

FÜR DIE SOSSE

1 Handvoll	Basilikumblätter
1	Knoblauchzehe
1	kl. Zwiebel, halbiert
1 TL	Salz
½ TL	Pfeffer, gem.
2 TL	ital. Kräuter, getr.
500 g	passierte Tomaten
1 TL	Öl
2 EL	Balsamicoessig, dunkel
1 Prise	Zucker

Zubereitung

Putenschnitzel in 3-4 Teile schneiden und mit Salz und Pfeffer würzen. Zucchini, Tomaten und Mozzarella in Scheiben schneiden. Im Wechsel in eine Auflaufform schichten.

Backofen auf 180°C Ober-/Unterhitze (Umluft: 160°C) vorheizen.

Für die Soße Basilikumblätter, Knoblauch und Zwiebel im Mixtopf **5 Sek./Stufe 5** zerkleinern. Restliche Zutaten für die Soße zugeben und **5 Min./100°C/Stufe 1** erhitzen. Soße über die Schnitzel gießen und im vorgeheizten Backofen ca. 30 Min. backen.

PUTENGESCHNETZELTES
mit fruchtiger Soße

9

Pro Portion:
477 kcal • 62 KH • 29 g EW • 9 g Fett

ZUTATEN

2	Karotten
2	Frühlingszwiebeln
400 g	Putenschnitzel, in Streifen geschnitten
200 g	Reis (Langkornreis)
1 TL	Salz
1.200 g	Wasser, lauwarm (TM31: 800 g)
3	Orangen

FÜR DIE SOSSE

1	Knoblauchzehe
½	Chilischote
1 TL	Öl
40 g	Weißwein, trocken
100 g	Cremefine zum Kochen, 7% (z.B. von Rama)
100 g	Crème légère
½ TL	Gemüsebrühpulver
etwas	Salz & Pfeffer

Tipp: Wer es sämiger mag, kann die Soße vor dem Vermengen noch mit etwas Speisestärke andicken.

Zubereitung

Karotten in feine Stifte, Frühlingszwiebeln in Ringe schneiden und alles in den Varoma geben. Putengeschnetzeltes auf den Varoma-Einlegeboden geben.

Gareinsatz in den Mixtopf einsetzen und Reis einwiegen. Salz darüber geben und mit Wasser übergießen. Mixtopfdeckel auflegen, Varoma aufsetzen und das Ganze nun **25 Min./Varoma/Stufe 1** garen.

In der Zwischenzeit 1 Orange auspressen und 2 Orangen filetieren. Nach der Garzeit Fleisch und Gemüse in eine Schüssel füllen. 200 g Garflüssigkeit auffangen, Mixtopf leeren und trocknen.

Knoblauch im Mixtopf **5 Sek./Stufe 5** zerkleinern. Chili in feine Ringe schneiden zusammen mit Öl zugeben und **2 Min./120°C/Stufe 1 (TM31: Varoma)** dünsten. Wein zugeben und **2 Min./Varoma/Stufe 1** einkochen.

200 g Garflüssigkeit, Saft einer Orange, Cremefine, Crème légère und Gemüsebrühpulver zugeben und **3 Min./Varoma/Stufe 1** aufkochen. Soße mit Salz und Pfeffer abschmecken, zum Gemüse geben und unterrühren. Orangenfilets unterheben und zusammen mit dem Reis servieren.

CHOP SUEY
mit Rind

9

Fleisch sollte 4-5 Std. marinieren !

Pro Portion:
460 kcal • 66 KH • 31 g EW • 7 g Fett

ZUTATEN

450 g	Rinderfilet, in Streifen geschnitten
40 g	Sojasauce, dunkel
200 g	Brokkoli, in Röschen
100 g	Karotten
100 g	Lauch
100 g	Champignons
100 g	Paprika, nach Wahl
1.200 g	Wasser, lauwarm (TM31: 900 g)
1 EL	Gemüsebrühpulver
250 g	Glasnudeln

FÜR DIE SOSSE

2 TL	Speisestärke
2 TL	Wasser
10 g	Ingwer, geschält
20 g	Fischsauce
80 g	Sojasauce, dunkel
1 TL	brauner Zucker
100 g	Garflüssigkeit aus dem Mixtopf (ggf. mit Gemüsebrühe aufgefüllt)

Zubereitung

Rinderfilet mit Sojasauce mischen und ca. 4-5 Std. marinieren (am besten bereits am Vortag). Gemüse nach Belieben in Stücke oder Scheiben schneiden und in den Varoma geben.

Wasser und Gemüsebrühpulver in den Mixtopf füllen, verschließen und Varoma aufsetzen. **20 Min./Varoma/Stufe 1** garen.

In der Zwischenzeit Glasnudeln nach Packungsanweisung zubereiten und das Fleisch in einer Pfanne anbraten. Nach Ende der Garzeit 100 g Garflüssigkeit auffangen, Rest weggießen.

Für die Soße Speisestärke und Wasser in einer kleinen Tasse verrühren und beiseitestellen. Ingwer im Mixtopf **5 Sek./Stufe 5** zerkleinern. Restliche Zutaten für die Soße zugeben und **4 Min./100°C/Stufe 1** aufkochen, dabei in der letzten Minute das Stärkegemisch durch die Deckelöffnung in den Mixtopf geben.

Fleisch zur Soße geben und **3 Sek./ /Stufe 3** vermengen. Zusammen mit den Nudeln und dem Gemüse servieren.

Chinesisches
PUTEN-CURRY

Pro Portion:
492 kcal • 57 KH • 42 g EW • 9 g Fett

ZUTATEN

1	Eiweiß
1 TL	Salz
1 TL	Sesamöl
2 TL	Speisestärke
500 g	Putenbrustfilet, in Würfel geschnitten
150 g	Basmatireis
1.200 g	Wasser, lauwarm (TM31: 1.000 g)
250 g	rote o. grüne Paprika, in grobe Stücke geschnitten

FÜR DIE SOSSE

2 TL	Speisestärke (leicht gehäuft)
2 TL	Wasser
180 g	Hühnerbrühe (Geflügelfond)
30 g	rote Currypaste
15 g	Zucker
15 g	Shaoxing-Reiswein (o. trockener Sherry)
20 g	Sojasauce, hell

Zubereitung

Eiweiß, Salz, Sesamöl und Stärke in den Mixtopf geben. **Rühraufsatz einsetzen** und **1 Min./50°C/Stufe 4** aufschäumen. **Rühraufsatz entfernen.** Putenwürfel zugeben und **3 Sek./ /Stufe 3** vermengen. Umfüllen und ca. 20 Min. durchziehen lassen. Mixtopf spülen.

Gareinsatz in den Mixtopf einsetzen und Reis einwiegen. Mit Wasser übergießen. Fleisch auf dem Varoma-Einlegeboden verteilen, Varoma aufsetzen und alles **20-22 Min./Varoma/Stufe 1** garen. **Achtung!** Paprikastücke erst nach der Hälfte der Garzeit mit in den unteren Teil des Varomas geben.

Nach Ende der Garzeit die Garflüssigkeit weggießen. Für die Soße Stärke und Wasser in einer kleinen Tasse verrühren und beiseitestellen.

Restliche Zutaten **4 Min./100°C/Stufe 2** aufkochen, bei 1 Min. Restlaufzeit das Stärkegemisch durch die Deckelöffnung in den Mixtopf geben.

Fleisch und Paprika aus dem Varoma zugeben und **3 Sek./ /Stufe 3** vermengen. Zusammen mit dem Reis servieren.

Türkische PIZZA

Pro Portion:
311 kcal • 53 g KH • 15 g EW • 3 g Fett

FÜR DEN TEIG

250 g   Mehl
¼ Würfel frische Hefe
150 g   Wasser, lauwarm
1 Prise   Salz

ZUM BELEGEN

12   Cocktailtomaten
½   Salatgurke
⅓ Kopf   Eisbergsalat

ZUTATEN

1   Zwiebel, halbiert
2   Knoblauchzehen
1   Chilischote (nach Belieben)
1 P.   8-Kräuter-Mischung (TK)
1 kl. Dose Pizzatomaten
120 g   Tatar
2 EL   Tomatenmark
½ TL   Pfeffer, gem.
1 TL   Paprikapulver
¼ TL   Kreuzkümmel, gem.

Zubereitung

Alle Teigzutaten im Mixtopf **2 Min./Teigstufe** verkneten. In eine Schüssel umfüllen und abgedeckt ca. 30 Min. gehen lassen.

Zwiebel, Knoblauch und Chili **5 Sek./Stufe 6** zerkleinern. Restliche Zutaten zugeben und **1 Min./ ⟲ /Stufe 2** rühren. Umfüllen und Mixtopf spülen.

Teig in vier gleich große Stücke teilen. Je zwei auf einem mit Backpapier ausgelegten Backblech dünn ausrollen. Hackmasse darauf verteilen und bei 200°C (Umluft) für ca. 15-20 Min. im vorgeheizten Backofen backen.

Tomaten halbieren, Salatgurke schälen und in Scheiben schneiden. Eisbergsalat waschen und in feine Streifen schneiden. Fertige Pizzen zusammen mit dem Eisbergsalat, Tomaten und Gurken servieren.

Tipp: *Belegen Sie die Pizza zusätzlich mit Weisskrautsalat und Tzatziki v. Seite 67.*

Weisskrautsalat

ZUTATEN

½	Zwiebel
300 g	Weißkohl
80 g	Kräuteressig
1 EL	Rapsöl
20 g	Zucker
100 g	Mineralwasser
1 TL	Salz
½ TL	Pfeffer, gem.

Zubereitung

Zwiebel **5 Sek./Stufe 5** zerkleinern. In eine größere Schüssel umfüllen. Weißkohl in ca. 5 x 5 cm große Stücke schneiden. **4 Sek./Stufe 5** zerkleinern und zu den Zwiebeln geben.
Für das Dressing die restlichen Zutaten **1 Min./Stufe 3** vermischen. Anschließend über den Weißkohl geben, gut vermengen und mind. 2 Std. ziehen lassen.

Pro Portion:
66 kcal • 9 g KH • 1 g EW • 2 g Fett

Tzatziki

ZUTATEN

1	Knoblauchzehe
½	Salatgurke
250 g	Naturjoghurt, 1,5%
1 TL	Zitronensaft
etwas	Salz & Pfeffer

Zubereitung

Knoblauch **5 Sek./Stufe 5** zerkleinern. Salatgurke halbieren, entkernen und in grobe Stücke schneiden. Zum Knoblauch geben und **4 Sek./Stufe 4** zerkleinern. Restliche Zutaten hinzufügen und **15 Sek./ /Stufe 4** vermischen.

Pro Portion:
47 kcal • 5 g KH • 4 g EW • 1 g Fett

Buntes
KOKOS-HÄHNCHEN

8

Pro Portion:
392 kcal • 44 KH • 36 g EW • 7 g Fett

ZUTATEN

4	Hähnchenschnitzel (à 120 g)
etwas	Salz & Pfeffer
2	rote Paprika
250 g	Champignons
180 g	Basmatireis
1 EL	Gemüsebrühpulver
1.200 g	Wasser, lauwarm (TM31: 800 g)
1 Handvoll frischer Koriander	

FÜR DIE SOSSE

1	Knoblauchzehe
1 Stück	Ingwer (haselnussgroß)
200 g	Kokosmilch, fettreduziert (Dose)
40 q	Sojasauce
½ TL	Kurkuma, gem.
1 TL	Salz
½ TL	Currypulver
1 EL	Speisestärke
1 TL	Gemüsebrühpulver
1-2 Prisen Pfeffer, gem.	

Zubereitung

Hähnchenfleisch in Würfel schneiden und mit Salz und Pfeffer würzen. Auf den Varoma-Einlegeboden geben. Paprika in mundgerechte Stücke schneiden, Champignons vierteln. Beides unten in den Varoma geben.

Gareinsatz in den Mixtopf einsetzen und Reis einwiegen. Gemüsebrühpulver darüber geben und mit Wasser übergießen. Mixtopfdeckel auflegen, Varoma aufsetzen und das Ganze **22 Min./Varoma/Stufe 1** garen. Nach Garzeitende Fleisch, Gemüse und Reis warm halten.

Für die Soße Knoblauch und Ingwer (geschält) im Mixtopf **6 Sek./Stufe 8** zerkleinern. Restliche Zutaten für die Soße zugeben und **5 Min./90°C/Stufe 1** erhitzen. Soße mit Fleisch und Gemüse mischen und mit Reis und frisch gehacktem Koriander servieren.

SCHWEINEFILET
mit Frühlingsgemüse

3

Pro Portion:
308 kcal • 22 KH • 36 g EW • 6 g Fett

ZUTATEN

250 g	Schweinefilet
etwas	Salz & Pfeffer
100 g	Baby-Karotten
150 g	Zuckerschoten
250 g	Brokkoli
1.200 g	Wasser (TM31: 800 g)
1 EL	Gemüsebrühpulver
etwas	frischer Schnittlauch

FÜR DIE SOSSE

100 g	Garflüssigkeit
30 g	Crème légère
60 g	gegarter Brokkoli
1 EL	Weißwein, trocken*
2 TL	Speisestärke
etwas	Salz & Pfeffer
½ TL	Gemüsebrühpulver

*alternativ 1 Spritzer Zitronensaft

Tipp: *Hierzu passen gut Kartoffeln oder Nudeln. Auch etwas Reis können Sie im Gareinsatz mitgaren.*

Zubereitung

Schweinefilet in Scheiben schneiden, mit Salz und Pfeffer würzen und auf den Einlegeboden des Varomas legen. Beiseitestellen.

Karotten schälen und zusammen mit den Zuckerschoten in den Varoma legen. Brokkoli in Röschen teilen und darauf geben. Wasser und Gemüsebrühpulver in den Mixtopf geben. Varoma ohne Einlegeboden aufsetzen und **25 Min./Varoma/Stufe 1** garen. In den letzten 18 Min. den Einlegeboden mit dem Fleisch einsetzen. In der Zwischenzeit Schnittlauch in Röllchen schneiden.

Nach Garzeitende Inhalt des Varomas warm halten. Mixtopf leeren, dabei 100 g Garflüssigkeit auffangen und wieder in den Mixtopf geben.

Alle restlichen Zutaten für die Soße zugeben und **4 Min./80°C/Stufe 3** erhitzen. Alles zusammen mit frischem Schnittlauch bestreut servieren.

Ungarisches
GESCHNETZELTES

Pro Portion:
344 kcal • 26 g KH • 32 g EW • 12 g Fett

ZUTATEN

250 g	Putengeschnetzeltes
etwas	Salz & Pfeffer
1 EL	Öl zum Anbraten
2	rote Zwiebeln (150 g)
2	rote Spitzpaprika (200 g)

5

FÜR DIE SOSSE

1	Knoblauchzehe
50 g	rote Paprika
½	kl. rote Chilischote, entkernt
1 EL	Öl
50 g	Paprikamark
300 g	Wasser
1 TL	Gemüsebrühpulver
1 TL	Salz (gestrichen)
1 Msp.	Pfeffer, gem.
1 TL	Paprikapulver, edelsüß
½ TL	Kreuzkümmel, gem.
½ TL	Zucker
½ TL	Senf, mittelscharf
2 Spritzer Zitronensaft	
1 Handvoll Petersilie	
1 EL	Speisestärke, leicht geh.

Zubereitung

Für die Soße Knoblauch, Paprika und Chilischote im Mixtopf **6 Sek./Stufe 6** zerkleinern. Mit dem Spatel nach unten schieben. 1 EL Öl zugeben und **3 Min./120°C/Stufe 1** dünsten. Restliche Zutaten für die Soße zugeben, **10 Sek./Stufe 5** mixen und **4 Min./90°C/Stufe 3** erhitzen.

Fleisch mit etwas Salz und Pfeffer würzen und in einer Pfanne mit heißem Öl (1 EL) anbraten. In der Zwischenzeit Zwiebel und Paprika in Scheiben schneiden. Nachdem das Fleisch angebraten ist, Zwiebel und Paprika zugeben und 3-5 Min. bei mittlerer Hitze mitbraten. Soße aus dem Mixtopf mit in die Pfanne geben und noch einmal 2 Min. aufkochen lassen. Fertig!

PUTEN-WOK
Geschnetzeltes

4 ♥

ZUTATEN

250 g	Putengeschnetzeltes
etwas	Salz & Pfeffer
etwas	Öl zum Anbraten
1	Karotte
2	Frühlingszwiebeln
1	rote Paprika

FÜR DIE SOSSE

1	Knoblauchzehe
½	gelbe Chilischote, entkernt
1 Stück	Ingwer, haselnussgroß (5 g)
1 ½ EL	Sesamöl
1 TL	Zucker
40 g	Sojasauce
170 g	Wasser
½ TL	Gemüsebrühpulver
1 Spritzer	Zitronensaft
1 EL	Speisestärke (gehäuft)

Pro Portion:
315 kcal • 22 g KH • 32 g EW • 11 g Fett

Zubereitung

Für die Soße Knoblauch, Chilischote und Ingwer im Mixtopf **4 Sek./Stufe 7** zerkleinern. Mit dem Spatel nach unten schieben. ½ EL Sesamöl zugeben und **2 Min./120°C/Stufe 1** dünsten. Restliche Zutaten für die Soße zugeben und **4-5 Min./90°C/Stufe 3** erhitzen. Sobald die Soße eingedickt ist, Gerät stoppen.

Fleisch mit etwas Salz und Pfeffer würzen und in einer Pfanne mit 1 EL Sesamöl anbraten. Karotte, Frühlingszwiebeln und Paprika in Scheiben/Streifen schneiden. Gemüse zugeben und 3-5 Min. bei mittlerer Hitze mitbraten.

Soße aus dem Mixtopf mit in die heiße Pfanne geben, vermengen und servieren.

Überbackene
TORTELLINI

10

Pro Portion:
410 kcal • 41 KH • 23 g EW • 16 g Fett

ZUTATEN

100 g	Gouda (45% Fett i. Tr.)
1	Zwiebel, halbiert
1	Knoblauchzehe
1	rote Paprika
1	Aubergine
1	Zucchini
1 TL	Olivenöl
100 g	Tatar
1 EL	Tomatenmark
350 g	Tomaten, stückig
1 TL	Basilikum
1 ½ TL	Salz
½ TL	Pfeffer, gem.
1 TL	Paprikapulver
1 TL	Cayennepfeffer
400 g	Tortellini mit Fleischfüllung (Kühltheke)

Zubereitung

Gouda in Stücken in den Mixtopf geben und **15 Sek./Stufe 5** reiben. Umfüllen.

Zwiebel und Knoblauch **2 Sek./Stufe 5** zerkleinern. Paprika, Aubergine und Zucchini in Stücken dazugeben und noch einmal **5 Sek./Stufe 7** zerkleinern. Umfüllen.

Olivenöl in den Mixtopf geben und **30 Sek./100°C/Stufe 1** erhitzen. Tatar hinzufügen und **4 Min./100°C/ ⟲ /Stufe 1** anbraten. Backofen auf 200°C Ober-/Unterhitze vorheizen.

Zerkleinertes Gemüse wieder in den Mixtopf geben und **8 Min./100°C/ ⟲ /Stufe 1** garen. Tomatenmark, Tomaten und Gewürze dazugeben. **5 Min./100°C/ ⟲ /Stufe 1** kochen.

Tortellini in einer Auflaufform verteilen, Gemüse-Tatar-Masse zugeben und mit geriebenem Käse bestreuen. Im vorgeheizten Backofen ca. 25 Min. überbacken.

SPAGHETTI
mit Chili-Garnelen

9

Pro Portion:
522 kcal · 51 KH · 36 g EW · 17 g Fett

ZUTATEN

8	Basilikumblätter
1 kl. Handvoll Petersilie	
2	Knoblauchzehen
2	rote Chilischoten, entkernt
20 g	Olivenöl
4 EL	Zitronensaft
etwas	Salz & Pfeffer
300 g	Garnelen, küchenfertig
120 g	Spaghetti
350 g	Cocktailtomaten, halbiert

Tipp: *Wer mag, kann noch 1 EL geriebenen Parmesan darüber geben. Dieser muss jedoch extra berechnet werden. (+1)*

Zubereitung

Basilikumblätter und Petersilie bei **Stufe 8** auf das laufende Messer fallen lassen. Umfüllen.

Knoblauchzehen und Chilischoten **5 Sek./Stufe 6** hacken. Mit dem Spatel nach unten schieben. Öl, Zitronensaft sowie etwas Salz und Pfeffer zugeben und **10 Sek./Stufe 2** vermengen.

Garnelen mit der Chilimarinade in eine Schüssel geben und ca. 30 Min. ziehen lassen. In der Zwischenzeit Spaghetti nach Packungsanweisung garen.

Garnelen samt Marinade in einer Pfanne ca. 10 Min. braten. Nach 5 Min. die halbierten Cocktailtomaten zugeben.

Spaghetti und die gehackten Kräuter zugeben und mit den Chili-Garnelen vermengen. Auf 2 Tellern anrichten und servieren.

BANDNUDELN

mit Lachs in leichter Frischkäsesoße

Pro Portion:
327 kcal • 37 g KH • 21 g EW • 13 g Fett

8

ZUTATEN

100 g	Bandnudeln
60 g	saure Sahne, 10% Fett
60 g	Frischkäse, bis 5% Fett
100 g	Lachs, geräuchert
2 EL	Dill, grob gehackt
1 Spritzer	Zitronensaft
¼ TL	Salz
¼ TL	Gemüsebrühpulver
1 Prise	Pfeffer, gem.

Zubereitung

Nudeln nach Packungsanweisung in reichlich Salzwasser kochen.

In der Zwischenzeit saure Sahne, Frischkäse und 70 g Lachs im Mixtopf **5 Sek./Stufe 6** zerkleinern. Die Masse mit dem Spatel nach unten schieben.

Dill, Zitronensaft und Gewürze zugeben und **3 Sek./Stufe 6** vermengen.

Nun die Soße mit den heißen Bandnudeln vermischen. Auf Tellern anrichten und restlichen Lachs in Streifen geschnitten darauf verteilen.

BANDNUDELN
mit Shrimps-Schinken-Lauch-Soße

ZUTATEN

1	Zwiebel, halbiert
10 g	Halbfettmargarine
75 g	Schinkenwürfel, roh
200 g	Shrimps, küchenfertig
200 g	Lauch, in Ringe geschnitten
30 g	Mehl
450 g	Milch, 1,5 % Fett
1 TL	Gemüsebrühpulver
½ TL	Salz
1 Prise	Pfeffer, gem.
1 Prise	Muskat, gem.
230 g	grüne Bandnudeln
1 Spritzer	Zitronensaft

Hinweis: *Die Soße alleine hat 7 pro Portion!*

Pro Portion: 383 kcal • 54 g KH • 29 g EW • 5 g Fett

Zubereitung

Zwiebel im Mixtopf **4 Sek./Stufe 5** zerkleinern. Margarine und Schinkenwürfel zugeben und **3 Min./120°C/Stufe 1** dünsten.

Shrimps und Lauchringe hinzufügen und noch einmal **3 Min./120°C/ /Stufe 1** (TM31: 3 Min./Varoma/Sanftrührstufe) garen.

Mehl mit etwas Milch klumpenfrei anrühren und zusammen mit restlicher Milch, Gemüsebrüh-pulver und Gewürzen in den Mixtopf geben. Soße **13 Min./90°C/ /Sanftrührstufe** köcheln lassen.

In der Zwischenzeit die Nudeln nach Packungsanleitung garen. Soße noch einmal mit den Gewürzen und einem Spritzer Zitrone abschmecken und zusammen mit den Bandnudeln servieren.

LACHS-FRIKADELLEN
mit Paprika

4

Pro Portion:
367 kcal • 17 g KH • 28 g EW • 17 g Fett

ZUTATEN

1	Knoblauchzehe
½	Zwiebel
450 g	Lachs
2 EL	Öl
1 Handvoll Dill	
1 Handvoll Petersilie	
200 g	rote Paprika
1	Ei
45 g	Paniermehl
20 g	Speisestärke
1 TL	Gemüsebrühpulver
1 TL	Paprikapulver, edelsüß
½ TL	Salz
½ TL	Pfeffer, gem.

Tipp: *Dazu passt gut ein Blatt-
oder Gurkensalat. Zum Dippen
eignet sich gut Sour Creme mit Dill
verfeinert (1 EL = 1 Pkt.)*

Zubereitung

Knoblauch und Zwiebel **5 Sek./Stufe 5**
zerkleinern. Lachs in Würfel schneiden
und zugeben. 1 EL Öl hinzugeben und
6 Min./100°C/ ⟲ /Stufe 0.5 garen.
Umfüllen.

Dill, Petersilie und Paprika in Stücken
in den Mixtopf geben und **5 Sek./Stufe 5**
zerkleinern. Gegarten Lachs und restliche
Zutaten zugeben und **8 Sek./Stufe 4**
vermengen.

Aus der Masse Frikadellen formen und
in einer Pfanne mit 1 EL Öl anbraten.

Thunfisch
LASAGNE

Pro Portion:
548 kcal • 59 g KH • 41 g EW • 15 g Fett

12

ZUTATEN

1	kl. Zwiebel, halbiert
½	Knoblauchzehe
1 TL	Olivenöl
1 EL	Tomatenmark
250 g	Tomaten, stückig
50 g	Wasser
1 Ecke	Schmelzkäse, light (15 g)
1 EL	saure Sahne, 10% Fett
etwas	Basilikum, Pfeffer, Salz
etwas	Gemüsebrühpulver
½ kl. Dose	Thunfisch im eigenen Saft, gut abgetropft (75 g)
3	Lasagneblätter
30 g	Käse, gerieben (light)

Zubereitung

Zwiebel und Knoblauchzehe im Mixtopf
6 Sek./Stufe 5 zerkleinern. Olivenöl hinzugeben
und **3 Min./120°C/Stufe 1** dünsten.

Tomatenmark, stückige Tomaten, Wasser und
Schmelzkäse zugeben. **7 Min./100°C/Stufe 2**
einköcheln lassen.

Saure Sahne zur Soße geben und mit den
Gewürzen gut abschmecken. Noch einmal
10 Sek./Stufe 4 verrühren. Thunfisch
3 Sek./ ⟿ /Stufe 4 unterrühren.

Etwas Soße auf dem Boden einer Auflaufform
verteilen. Abwechselnd Lasagneblätter mit der
Soße hineinschichten. Mit dem geriebenen Käse
bestreuen und im vorgeheizten Backofen bei
200°C (Umluft: 180°C) ca. 20 Min. backen.

FISCHFILET
mit Parmesanhaube

Pro Portion: 292 kcal • 35 g KH • 29 g EW • 3 g Fett

ZUTATEN

4	Kabeljaufilets (à 125 g)
etwas	Zitronensaft, Salz & Pfeffer
50 g	Parmesan
4	getr. Tomaten, in Öl eingelegt
4	Basilikumblätter
3	Toastscheiben, in Stücken
1	Ei
250 g	Cocktailtomaten
2 EL	Kräuter, gehackt (8-Kräuter-Mischung)
etwas	Salz & Pfeffer, Worcestersauce

Zubereitung

Die Fischfilets abbrausen, trocken tupfen und mit Zitronensaft beträufeln. Mit Salz und Pfeffer würzen.

Parmesan, eingelegte Tomaten und Basilikum im Mixtopf **12 Sek./Stufe 6** zerkleinern. Toastbrot, Ei, Cocktailtomaten und Kräuter zugeben. Mit Salz, Pfeffer und Worcestersauce würzen und **10 Sek./Stufe 4** vermengen.

Die Kräutermasse gleichmäßig auf den Fischfilets verteilen und die Filets auf ein mit Backpapier ausgelegtes Backblech setzen. Im vorgeheizten Backofen bei 200°C (Umluft: 180°C) ca. 20 Min. garen. Dazu passt Reis oder Ciabatta und Gurkensalat.

Variante mit Gemüsekruste:
*1 Möhre, in Stücken, und 40 g Parmesan **6 Sek./Stufe 5** zerkleinern. 1 Ei und 3 Scheiben Vollkorntoast in Stücken zugeben. Salzen und pfeffern und **10 Sek./Stufe 4** vermengen.*

4

LACHSSPIESSE MIT KARTOFFELN
und Zitronen-Käse-Soße

Pro Portion:
325 kcal • 27 KH • 25 g EW • 11 g Fett

ZUTATEN

1	kl. Zucchini
1	kl. rote Paprika
1	rote Zwiebel
150 g	Lachs
etwas	Salz & Pfeffer
etwas	Zitronensaft
200 g	Kartoffeln (vorw. festk.)
1.000 g	Wasser
1 TL	Gemüsebrühpulver

FÜR DIE SOSSE

2	Dillzweige, entstielt
25 g	Sahneschmelzkäse, 20% Fett i. Tr.
1 EL	Zitronensaft
100 g	Milch, 1,5%
½ TL	Gemüsebrühpulver
etwas	Salz & Pfeffer

Zubereitung

Zucchini, Paprika, Zwiebel und Lachs in Würfel schneiden. Im Wechsel auf 4 Schaschlikspieße aufspießen. Mit Salz und Pfeffer würzen und mit etwas Zitronensaft beträufeln. In den Varoma legen.

Kartoffeln schälen und in kleine Würfel schneiden. In den Gareinsatz geben. Wasser und Gemüsebrühpulver in den Mixtopf geben, Gareinsatz mit Kartoffeln einsetzen. Deckel verschließen, Varoma aufsetzen und das Ganze **25 Min./Varoma/Stufe 1** garen.

Nach Garzeitende Mixtopf leeren und Lachsspieße und Kartoffeln warm halten.

Alle Zutaten für die Soße in den Mixtopf geben und **4 Min./90°C/Stufe 3** erhitzen. Im Anschluss **20 Sek./Stufe 10** pürieren und zusammen mit den Lachsspießen und Kartoffeln servieren.

Indisches
FISCHCURRY

Pro Portion:
300 kcal • 23 g KH • 26 g EW • 11 g Fett

FÜR DIE SOSSE

1	Zwiebel, halbiert
1	Knoblauchzehe
5 g	Ingwer, geschält
1	Chilischote, grün, entkernt
1 EL	Öl
1 Dose	Kirschtomaten (Abtr.gew. 240 g)
75 g	Naturjoghurt, bis 1,8% Fett
½ TL	Currypulver

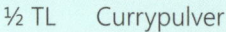

ZUTATEN

800 g	Wasser, lauwarm
350 g	Kartoffeln, geschält, gewürfelt (vorw. festk.)
400 g	Blumenkohl, in kleinen Röschen
240 g	weißes Fischfilet (z.B. Seelachs)
etwas	Salz, Pfeffer und Limettensaft
30 g	Mandelblättchen

Zubereitung

Wasser in den Mixtopf füllen. Kartoffeln in den Gareinsatz und Blumenkohl in den Varoma geben. Fisch mit Salz, Pfeffer und Limettensaft würzen und auf den Blumenkohl legen. Varoma aufsetzen und das Ganze **20-25 Min./Varoma/Stufe 1** garen.

In der Zwischenzeit Mandelblättchen in einer Pfanne ohne Fett rösten. Nach Ende der Garzeit Varoma und Gareinsatz beiseitestellen und warm halten. Garflüssigkeit weggießen.

Für die Soße Zwiebel, Knoblauch, Ingwer und Chili im Mixtopf **5 Sek./Stufe 6** zerkleinern. Öl zugeben und **2 Min./Varoma/Stufe 1** dünsten. Kirschtomaten, Joghurt und Curry zugeben und **4 Min./80°C/Stufe 1** erhitzen.

Soße mit den Kartoffeln und dem Blumenkohl in einer Schüssel vermischen und zusammen mit dem Fischfilet und den gerösteten Mandelblättchen servieren.

FISCHFILET
mit Dill-Senf-Kruste

5

Pro Portion: 292 kcal • 35 g KH • 29 g EW • 3 g Fett

ZUTATEN

2	TK-Fischfilet, z.B. Seelachs oder Kabeljau (à 125 g)
1 Handvoll Dill und Petersilie	
1	kl. Knoblauchzehe
2	Vollkorn-Toastscheiben
1 EL	Senf, mittelscharf (10 g)
1 EL	Zitronensaft
1 TL	Salz
1 TL	8-Kräuter-Mischung, TK
¼ TL	Pfeffer, gem.
¼ TL	Paprikapulver, edelsüß
300 g	Kartoffeln, geschält
500 g	Wasser, lauwarm
1 TL	Salz

Zubereitung

Gefrorene Fischfilets in eine kleine Auflaufform legen.
Backofen auf 180°C Ober-/Unterhitze vorheizen.

Dill, Petersilie und Knoblauch im Mixtopf **5 Sek./Stufe 8** zerkleinern. Toast in Stücken zugeben
und **5 Sek./Stufe 5** zerkleinern. Senf, Zitronensaft und Gewürze hinzufügen und
3 Sek./Stufe 3 vermengen. Dill-Senf-Masse auf die Fischfilets geben und im vorgeheizten
Backofen ca. 30-35 Min. backen. Mixtopf spülen.

In der Zwischenzeit Kartoffeln in mundgerechte Stücke schneiden und in den Gareinsatz geben.
Wasser und Salz in den Mixtopf geben, Gareinsatz einsetzen und **20 Min./Varoma/Stufe 1** garen.
Nach Garzeitende alles zusammen servieren.

8

Tomaten-Spinat-
LASAGNE

Pro Portion:
260 kcal • 31 KH • 13 g EW • 9 g Fett

ZUTATEN

120 g	Gouda, (45 % Fett)
30 g	Halbfettmargarine
30 g	Mehl
400 g	Milch, 1,5 % Fett
1 TL	Salz
¼ TL	Pfeffer, gem.
1 Msp.	Muskat, gem.
500 g	Tomaten
1	Knoblauchzehe
1	Zwiebel, halbiert
6-7	Basilikumblätter
100 g	Spinat, frisch
400 g	passierte Tomaten
etwas	Salz & Pfeffer
9	Nudelplatten (Spinat)

Tipp: *Wer mag, kann noch 1 EL geriebenen Parmesan darüber-geben. Dieser muss jedoch extra berechnet werden (+1).*
Wer Gouda light (bereits gerieben) verwendet, berechnet statt 8 nur 7 pro Portion!

Zubereitung

Gouda in Stücken in den Mixtopf geben und **15 Sek./Stufe 5** reiben. Umfüllen.

Margarine im Mixtopf **2 Min./100°C/Stufe 1** schmelzen. Mehl zugeben und erneut **2 Min./100°C/Stufe 1** anschwitzen. Milch, Salz, Pfeffer und Muskat zugeben und **6 Min./90°C/Stufe 3** erhitzen. In der Zwischenzeit Tomaten in Scheiben schneiden. Soße umfüllen, Mixtopf spülen.

Knoblauch, Zwiebel und Basilikum **5 Sek./Stufe 5** zerkleinern. Spinatblätter zugeben und **4 Sek./Stufe 6** klein hacken. Passierte Tomaten hinzufügen und mit etwas Salz und Pfeffer nach Belieben würzen. Soße **4 Min./100°C/Stufe 2** kochen.

Nun die Lasagne wie folgt in eine Auflaufform schichten: Etwas von helle Soße auf dem Boden verteilen, 3 Nudelplatten quer nebeneinander darauf legen. Jetzt folgt eine Schicht Tomaten sowie etwas der Tomatensoße. Wieder eine Schicht Nudelplatten, Tomaten, Tomatensoße usw. Zum Schluss die helle Soße komplett darüber gießen und mit Käse bestreuen. Im vorgeheizten Backofen bei 200°C (Umluft: 180°C) ca. 25-30 Min. backen.

SENF-EIER
mit Kartoffeln

Pro Portion:
374 kcal • 39 g KH • 20 g EW • 14 g Fett

6

Tipp: *Verfeinern Sie die Soße noch mit frischem Dill oder etwas Petersilie.*

ZUTATEN

700 g	Kartoffeln
700 g	Wasser, lauwarm
1 TL	Salz
8	Eier, Gr. M
1	Zwiebel, halbiert
1 TL	Butter
300 g	Milch, 1,5% Fett
30 g	Mehl
2 EL	Senf, mittelscharf
etwas	Salz & Pfeffer

Zubereitung

Kartoffeln schälen und in Stücke schneiden. Wasser und Salz in den Mixtopf geben. Kartoffeln in den Gareinsatz geben und in den Mixtopf einsetzen. Eier in den Varoma legen. Mixtopfdeckel auflegen, Varoma aufsetzen und das Ganze **25 Min./Varoma/Stufe 1** garen.

Eier abschrecken, Schale entfernen und halbieren. Kartoffeln zur Seite stellen. Garflüssigkeit umfüllen.

Zwiebel im Mixtopf **5 Sek./Stufe 5** zerkleinern. Butter zugeben und **2 Min./100°C/Stufe 1** dünsten.

Milch, 200 g Garflüssigkeit, Mehl, Senf, Salz und Pfeffer zugeben und **4 Min./Varoma/Stufe 3** aufkochen. Ggf. noch **20 Sek./Stufe 7** pürieren. Zusammen mit den Kartoffeln und Eiern servieren.

Hinweis:
*Bei Frischkäse bis 16 %
Fett absolut sind es
7 pro Portion.*

GEMÜSEKUCHEN
vom Blech

4

Pro Portion: 224 kcal • 33 g KH • 14 g EW • 3 g Fett

FÜR DEN TEIG

120 g	Wasser
210 g	Mehl
¼ Würfel	frische Hefe (oder 1 ½ TL Trockenhefe)
1 TL	Meersalz

WEITERE ZUTATEN

300 g	Zucchini
230 g	Paprika, rot und gelb
600 g	Wasser, lauwarm
2	Frühlingszwiebeln
1 Handvoll	gemischte Kräuter (z.B. Basilikum, Petersilie, Oregano)
1	Knoblauchzehe
300 g	Frischkäse (bis 1 % Fett)
3	Eier
etwas	Salz & Pfeffer

Zubereitung

Teigzutaten in den Mixtopf geben und **1 Min./Teigstufe** kneten. Auf einer leicht bemehlten Arbeitsfläche auf die Größe eines Backblechs dünn ausrollen. Blech mit Backpapier belegen und Teig darauf geben.

Zucchini und Paprika in Stücke oder Streifen schneiden und in den Varoma geben. Wasser in den Mixtopf füllen, Varoma mit Gemüse aufsetzen und **20 Min./Varoma/Stufe 1** garen. In der Zwischenzeit Frühlingszwiebel in Ringe schneiden und auf dem Teig verteilen.

Nach Garzeitende Gemüse gut abtropfen lassen und ebenfalls auf dem Teig verteilen. Mixtopf leeren und trocknen. Kräuter und Knoblauch im Mixtopf **10 Sek./Stufe 8** hacken. Frischkäse, Eier, Salz und Pfeffer zugeben und **20 Sek./Stufe 4** mixen. Masse vorsichtig auf den Teig mit dem Gemüse gießen und Kuchen im vorgeheizten Backofen bei 200°C (Umluft 180°C) ca. 20 Min. backen.

10

Mediterraner
KARTOFFELAUFLAUF
mit Joghurt

Pro Portion:
358 kcal • 43 KH • 18 g EW • 11 g Fett

ZUTATEN

3	Knoblauchzehen
1 EL	Rosmarinnadeln
20 g	Olivenöl
70 g	getr. Tomaten, in Öl eingelegt, abgetropft
etwas	Salz & Pfeffer
800 g	Frühkartoffeln, ungeschält
1.000 g	Wasser, lauwarm
1 TL	Salz
6	Thymianzweige
8	eingelegte Peperoni (ohne Öl)
180 g	Feta, light
500 g	Cocktailtomaten
200 g	Naturjoghurt, bis 1,8% Fett

Zubereitung

Knoblauch und Rosmarinnadeln in den Mixtopf geben und **6 Sek./Stufe 6** zerkleinern. Mit dem Spatel nach unten schieben. Öl und getrocknete Tomaten dazugeben, mit etwas Salz und Pfeffer würzen. **15 Sek./Stufe 2-3** vermengen. In eine große Schüssel umfüllen. Mixtopf säubern.

Kartoffeln in Spalten schneiden und waschen. Wasser und 1 TL Salz in den Mixtopf geben. Kartoffelspalten in das Gareinsatz geben und in den Mixtopf einsetzen. Deckel verschließen und die Kartoffeln **15 Min./Varoma/Stufe 1** vorgaren.

Kartoffeln abtropfen lassen und zu den getrockneten Tomaten und dem Rosmarin geben. Thymianzweige und Peperoni dazugeben und gut vermischen. Das Ganze in eine Auflaufform geben und im vorgeheizten Backofen bei 200°C (Umluft: 180°C) 20 Min. backen.

Feta in Würfel schneiden und Cocktailtomaten halbieren. Auf dem Auflauf verteilen und weitere ca. 10 Min. fertig garen. Auflauf zusammen mit dem Joghurt servieren.

AUBERGINEN-LASAGNE

vegetarisch

7 ♥

Pro Portion: 246 kcal • 28 g KH • 19 g EW • 6 g Fett

ZUTATEN

80 g	Sojagranulat
½	kl. Zucchini
½	kl. Aubergine
30 g	Parmesan
1	Knoblauchzehe
1	Zwiebel, halbiert
1 TL	Öl
400 g	stückige Tomaten (Dose)
250 g	Wasser, lauwarm
1 TL	Gemüsebrühpulver
1 TL	Salz
½ TL	Pfeffer, gem.
½ TL	Rosmarin, gem.
1 TL	ital. Kräuter, getr.
4	Lasagneplatten, trocken

FÜR DIE BECHAMELSOSSE

200 g	Milch, 1,5% Fett
1 Msp.	Muskat, gem.
1 EL	Mehl
1 TL	Gemüsebrühpulver

Zubereitung

Backofen auf 180°C Ober-/Unterhitze vorheizen. Sojagranulat in eine Schüssel einwiegen. Zucchini und Aubergine der Länge nach in dünne Scheiben hobeln und auf ein mit Backpapier belegtes Backblech legen. Mit etwas Salz würzen und im vorgeheizten Backofen ca. 4-5 Min. garen. Auf ein Küchenkrepppapier geben und abtupfen.

Parmesan **10 Sek./Stufe 8** mahlen und umfüllen. Knoblauch und Zwiebel im Mixtopf **5 Sek./Stufe 5** zerkleinern. Mit dem Spatel nach unten schieben. Öl zugeben und **3 Min./120°C/Stufe 1** dünsten.

Stückige Tomaten, Wasser und Gewürze zugeben und **6 Min./100°C/Stufe 1** aufkochen. Danach **15 Sek./Stufe 8** pürieren und über das Sojagranulat gießen. 5-7 Min. quellen lassen.

Nun die Lasagneplatten, Zucchini- und Auberginenscheiben im Wechsel mit der Soja-Tomaten-Soße in eine Auflaufform schichten.

Zutaten für die Bechamelsoße in den Mixtopf geben (muss nicht gespült werden) und **2-3 Min./75°C/Stufe 2** erhitzen, bis die Soße angedickt ist.

Soße auf die Lasagne geben, mit geriebenem Parmesan bestreuen und im vorgeheizten Backofen ca. 35 Min. garen.

GEMÜSECURRY
mit roten Linsen

Pro Portion:
193 kcal • 23 g KH • 11 g EW • 4 g Fett

3

**ACHTUNG
SCHARF!**

ZUTATEN

1	Zwiebel, halbiert
1	Knoblauchzehe
20 g	Wasser
1 EL	rote Currypaste
1 Dose	geschälte Tomaten (400 g)
200 g	Blumenkohl
2	Karotten
2 Stangen	Staudensellerie
100 g	rote Linsen
160 g	Kokosmilch, fettreduziert
400 g	Wasser
1 EL	Gemüsebrühpulver
etwas	Salz & Pfeffer
120 g	Erbsen, TK
etwas	frischer Koriander, grob gehackt

Zubereitung

Zwiebel und Knoblauch **5 Sek./Stufe 5** zerkleinern. 20 g Wasser und Currypaste zugeben und **1 Min./Varoma/Stufe 1** dünsten. Geschälte Tomaten inkl. Soße zugeben und **3 Sek./Stufe 4** zerkleinern. Blumenkohl in kleine Röschen teilen. Karotten der Länge nach halbieren und schräg in Scheiben schneiden. Vom Sellerie die harten Außenfäden abziehen und in Scheiben schneiden. Alles in den Mixtopf geben.
Linsen, Kokosmilch, Wasser, Gemüsebrühpulver und etwas Salz & Pfeffer zugeben und das Ganze **20 Min./100°C/ /Stufe 1,5** garen. Erbsen zugeben und noch mal **4 Min./100°C/ /Stufe 1,5** kochen. Curry mit Koriander bestreut servieren.

PIZZABROT
Caprese

Pro Portion: 327 kcal • 51 g KH • 12 g EW • 8 g Fett

FÜR DEN TEIG

40 g	Parmesan, in Stücken
etwas	Rosmarinnadeln
260 g	Mehl
¼ Würfel frische Hefe	
130 g	Wasser, lauwarm
1 EL	Olivenöl

WEITERE ZUTATEN

350 g	Cherrytomaten, in kleine Würfel geschnitten
2 Handvoll Rucola	
etwas	frischer Parmesan
etwas	Salz & Pfeffer
1 TL	Balsamicocreme

Zubereitung

Parmesan und Rosmarinnadeln in den Mixtopf geben und **15 Sek./Stufe 10** zerkleinern. Restliche Teigzutaten zugeben und **3 Min./Teigstufe** kneten. Teig aus dem Mixtopf nehmen und ca. 30-40 Min. gehen lassen.

Teig in 2 Portionen teilen und mit etwas Mehl dünn ausrollen. Auf zwei mit Backpapier belegte Backbleche geben. Teig mit etwas Olivenöl beträufeln und mit Tomatenwürfeln belegen.

Im vorgeheizten Backofen bei 250°C Umluft ca. 5-8 Min. backen. Sobald sich der Teig leicht bräunlich färbt, ist das Pizzabrot fertig. Pizzabrote aus dem Ofen nehmen und mit etwas Salz & Pfeffer würzen. Mit Rucola und gehobeltem Parmesan bestreuen. Etwas Balsamicocreme darüber träufeln. Sofort servieren.

Brokkoli-
BRATLINGE

Pro Stück:
142 kcal • 11 g KH • 9 g EW • 6 g Fett

ZUTATEN

500 g	Brokkoli
500 g	Wasser
1	Knoblauchzehe
100 g	Sonnenblumenkerne
70 g	Semmelbrösel
3	Eier
70 g	Hartweizengrieß
100 g	Wasser
1 TL	Gemüsebrühpulver
¼ TL	Salz
¼ TL	Pfeffer, gem.
¼ TL	Kurkuma, gem.
¼ TL	Paprikapulver, rosenscharf
1 Kugel	Mozzarella, 20% Fett (125 g)

Tipp: *Zu den Bratlingen empfehlen wir Sour Creme (1 pro EL) und einen gemischten Blattsalat.*

3

Pro Stück

Zubereitung

Brokkoli putzen, in kleine Röschen teilen und in den Varoma geben. Wasser in den Mixtopf füllen, Varoma aufsetzen und **17 Min./Varoma/Stufe 1** garen. Brokkoli kalt abschrecken und beiseitestellen. Mixtopf mit Wasser ausspülen und trocknen.

Knoblauchzehe im Mixtopf **6 Sek./Stufe 6** hacken. Restliche Zutaten (außer Brokkoli und Mozzarella) zugeben und **5 Sek./Stufe 4** vermengen. Mozzarella in kleine Würfel schneiden und zusammen mit den Brokkoliröschen in den Mixtopf geben. Das Ganze **30 Sek./Teigstufe** vermengen.

Eine Pfanne mit Öl erhitzen und pro Bratling ca. 1 geh. EL der Masse hineingeben. Von jeder Seite anbraten und mit einem Dip und Salat servieren.

One-Pot
AUBERGINEN-CURRY

2

ZUTATEN

1 Stück	Ingwer (5 g)
1	grüne Chilischote, entkernt
3	Knoblauchzehen
1	gr. Zwiebel, halbiert
2 EL	Öl
300 g	Cocktailtomaten
1 ½ TL	Salz
½ TL	Kurkuma, gem.
1 ½ TL	Kreuzkümmel, gem.
1 ½ TL	Koriander, gem.
1 TL	Zucker
2 EL	Tomatenmark
150 g	Wasser
2	gr. Auberginen (650 g)

Pro Portion: 85 kcal • 9 g KH • 3 g EW • 4 g Fett

Zubereitung

Ingwer, Chili und Knoblauch im Mixtopf **5 Sek./Stufe 6** zerkleinern. Zwiebel zugeben und **5 Sek./Stufe 5** hacken. Alles mit dem Spatel nach unten schieben. Öl zugeben und **3 Min./120°C/Stufe 1** dünsten.

Cocktailtomaten halbieren, zugeben und **5 Min./100°C/Stufe 1** schmoren. Gewürze, Tomatenmark und Wasser zugeben und **10 Sek./Stufe 8** pürieren.

Auberginen in Würfel schneiden, zugeben und das Ganze **18 Min./100°C/Stufe 1** kochen.

Tipp: *Verfeinern Sie jede Portion mit einem Klecks Crème légère*

PIZZAKNÖDEL
mit Gemüsemix

7

Pro Portion:
371 kcal • 40 KH • 17 g EW • 14 g Fett

ZUTATEN

FÜR DIE KNÖDEL

30 g	Parmesan
1 Handvoll Petersilie	
200 g	Milch, 1,5%
1 TL	Salz
1 Msp.	Pfeffer, gem.
1 TL	Pizzagewürz
150 g	Semmel-Würfel, Knödelbrot
2	Eier

FÜR DAS GEMÜSE

1	Knoblauchzehe
160 g	rote Zwiebel
170 g	Zucchini
2 EL	Olivenöl
1 Dose	Tomaten, stückig (400 g)
240 g	Gemüsebrühe, flüssig
20 g	Balsamicoessig, dunkel
1 Glas	Artischockenherzen (Abtr.gew. 240 g)
1 Handvoll Petersilie	

Zubereitung

Parmesan in Stücken in den Mixtopf geben und **15 Sek./Stufe 7** reiben. Umfüllen.

Petersilie **3 Sek./Stufe 8** hacken. Milch, Salz, Pfeffer und Pizzagewürz zugeben und **3 Min./70°C/Stufe 2** erwärmen. 130 g Brotwürfel zugeben und **15 Sek./Stufe 3** vermengen. Eier, restliche Brotwürfel und Parmesan zugeben und **1 Min./Teigstufe** kneten. Teig in eine Schüssel geben. Mixtopf spülen.

Knoblauch **5 Sek./Stufe 5** zerkleinern. Zwiebel und Zucchini in Scheiben schneiden und zusammen mit Olivenöl **3 Min./120°C/Stufe 1** **(TM31: 2 Min./Varoma/Stufe 1)** dünsten. Tomaten, Gemüsebrühe und Balsamico zugeben und **20 Min./100°C/Stufe 1** ohne Messbecher kochen. (Dabei den Gareinsatz als Spritzschutz auf den Mixtopfdeckel stellen.)

In der Zwischenzeit aus dem Teig mit leicht angefeuchteten Händen kleine Knödel formen und in einer Pfanne mit etwas Öl ringsrum anbraten. (Sollte der Teig zu weich sein, etwas Paniermehl zugeben). Artischocken in die Pfanne geben und kurz mitbraten. Soße aus dem Mixtopf zugeben, vermengen. Mit gehackter Petersilie bestreut servieren.

Leichter
KÄSE-WRAP

Pro Portion:
237 kcal • 4 g KH • 25 g EW • 13 g Fett

6

ZUTATEN

200 g	Gouda, gerieben, 16% Fett
250 g	Quark, 20% Fett in Tr.
3	Eier
½ TL	Salz
¼ TL	Pfeffer, gem.
180 g	Schafskäse, light
2	Tomaten
5 EL	Pizzasoße (Dose o. selbst gemacht)
1 Bd.	Rucola

Zubereitung

Backofen auf 180°C Umluft vorheizen.

Gouda, Quark, Eier, Salz und Pfeffer in den Mixtopf geben und **20 Sek./Stufe 5** mixen. Masse auf einem mit Backpapier belegten Backblech verteilen und im vorgeheizten Backofen 15-20 Min. backen.

Währenddessen Feta und Tomaten klein würfeln. Teig zuerst mit Pizzasoße bestreichen und mit Rucola, Tomaten und Feta belegen. Ggf. noch einmal mit Salz und Pfeffer würzen. Von der langen Seite her zu einer großen Rolle aufrollen und in 6 Portionen schneiden.

One-Pot
RATATOUILLE

2

Pro Portion: 190 kcal • 18 g KH • 5 g EW • 9 g Fett

ZUTATEN

50 g	Zwiebel
1	Knoblauchzehe
380 g	Paprika, nach Wahl
150 g	Zucchini
150 g	Aubergine
25 g	Öl
200 g	Wasser, lauwarm
300 g	passierte Tomaten
1 TL	Basilikum, gerebelt
1 TL	Oregano, gerebelt
1 TL	Salz, leicht geh.
½ TL	Pfeffer, gem.
1 TL	Zitronensaft
1 TL	Paprikapulver, edelsüß
40 g	Tomatenmark

Zubereitung

Zwiebel und Knoblauch im Mixtopf **5 Sek./Stufe 5** zerkleinern und mit dem Spatel nach unten schieben.

Paprika, Zucchini und Aubergine in Stücke schneiden und hinzufügen. Öl zugeben und **5 Min./120°C/ /Stufe 1** dünsten.

Restliche Zutaten (außer Tomatenmark) zugeben und **18 Min./100°C/ /Sanftrührstufe** kochen. Tomatenmark mit dem Spatel unterrühren. Fertig!

3

Bunter
CHILITOPF

Pro Portion:
357 kcal • 36 KH • 26 g EW • 8 g Fett

ZUTATEN

2	Knoblauchzehen
1	Zwiebel, halbiert
1	rote Paprika
1	grüne Paprika
1 EL	Öl
700 g	Wasser, lauwarm
1 EL	Gemüsebrühpulver
100 g	Sojagranulat
1 Dose	stückige Tomaten (400 g)
1 TL	Paprikapulver, edelsüß
1 TL	Paprikapulver, rosenscharf
½ TL	Kreuzkümmel, gem.
1 TL	Salz
½ TL	Pfeffer, gem.
½ TL	Currypulver
½ TL	Cayennepfeffer
2-3 Prisen Chiliflocken	
1 EL	Sojasauce
1 Dose	Kidneybohnen (Abtr.gew. 255 g)
1 Dose	Mais (Abtr.gew. 285 g)
100 g	Tomatenmark
etwas	Petersilie

Zubereitung

Knoblauch und Zwiebel in den Mixtopf geben und **5 Sek./Stufe 5** zerkleinern. Paprika klein würfeln und zusammen mit dem Öl zugeben und **2 Min./120°C/Stufe 1** dünsten. Wasser, Gemüsebrühpulver und Sojagranulat zugeben und **7 Min./100°C/Stufe 1** aufkochen.

Stückige Tomaten, Gewürze und Sojasauce zugeben und **8 Min./100°C/Stufe 1** kochen. In der Zwischenzeit Bohnen und Mais abtropfen lassen und unter fließendem Wasser spülen.

Nach Garzeitende Bohnen und Mais mit in den Mixtopf geben, Tomatenmark zugeben und mit dem Spatel verrühren. Das Ganze noch einmal **5 Min./ /90°C/Stufe 1** erhitzen, dabei ab und an mit dem Spatel durch das Deckelloch mitrühren. Vor dem Servieren mit frisch gehackter Petersilie bestreuen.

> **Tipp:** *Dieses Gericht können Sie auch mit 500 g Tatar anstatt Sojagranulat kochen! Tatar vorher in der Pfanne anbraten und dann in Schritt 2 zugeben. Der Wert von 3 bleibt gleich!*

Impressum

© C. T. Wild Verlag & Handel GmbH
Saueracker 7, D-93309 Kelheim
Tel. 09441 703772-0
Email: info@mixgenuss.de
www.mixgenuss.de

3. Auflage - März 2018
ISBN-Nr.: 978-3-96181-007-9

Autoren: Corinna Wild, Cornelia Sieder
Gestaltung & Layout: Eva Gruber

Bilder & Grafiken: © Corinna Wild, © Cornelia Sieder
Bilder Fotolia.de: © Corinna Gissemann, © giovanniluca,
© HandmadePictures, © PHB.cz

Druck & Bindung:
bonitasprint GmbH, 92224 Amberg

- Weitere Bücher von MixGenuss -

Auch interessant:

Weitere MixGenuss Bücher, Rezepthefte und Kalender für den Thermomix
finden Sie in unserem Onlineshop **www.mixgenuss.de**

- Platz für eigene Eintragungen -
Notizen